Russlands Letzte Adressen

MENSCHEN UND STRUKTUREN

HISTORISCH-SOZIALWISSENSCHAFTLICHE STUDIEN

Herausgegeben von Jörn Happel und Heiko Haumann

BAND 25

PETER LANG

Melanie Hussinger

Russlands Letzte Adressen

Gesellschaftliches Erinnern an die Opfer des Stalinismus

PETER LANG

Bibliografische Information der Deutschen Nationalbibliothek
Die Deutsche Nationalbibliothek verzeichnet diese Publikation in der Deutschen Nationalbibliografie; detaillierte bibliografische Daten sind im Internet über http://dnb.d-nb.de abrufbar.

Gedruckt mit freundlicher Unterstützung der Fakultät für Geistes- und Sozialwissenschaften der Helmut-Schmidt-Universität/ Universität der Bundeswehr Hamburg.

Umschlagabbildung
© Melanie Hussinger

ISSN 0179-3705
ISBN 978-3-631-88892-6 (Print)
E-ISBN 978-3-631-88893-3 (E-PDF)
E-ISBN 978-3-631-88894-0 (EPUB)
DOI 10.3726/b20147

© Peter Lang GmbH
Internationaler Verlag der Wissenschaften
Berlin 2022
Alle Rechte vorbehalten.

Peter Lang – Berlin · Bruxelles · Lausanne · New York · Oxford

Das Werk einschließlich aller seiner Teile ist urheberrechtlich geschützt. Jede Verwertung außerhalb der engen Grenzen des Urheberrechtsgesetzes ist ohne Zustimmung des Verlages unzulässig und strafbar. Das gilt insbesondere für Vervielfältigungen, Übersetzungen, Mikroverfilmungen und die Einspeicherung und Verarbeitung in elektronischen Systemen.

Diese Publikation wurde begutachtet.

www.peterlang.com

Inhaltsverzeichnis

Prolog

Am 24. März 2022 versammelte sich eine kleine Gruppe, etwa zehn Personen, an der ulica Gal'perina 11b in Perm, der Millionenstadt im Uralvorland. Sie trafen sich, um ein kleines stählernes Gedenktäfelchen an der Fassade eines Hauses anzubringen. Eingraviert steht darauf der Name Fëdor Anisimovič Lanzetov. Ein Name. Ein Leben. Ein Zeichen.

Fëdor Anisimovič Lanzetov wurden als Direktor des Militärwerks Nr. 98 – des heutigen *Permskij porochovoj zavod* (dt. Permer-Schießpulverfabrik) – im Jahre 1938 konterrevolutionäre Aktivitäten und Sabotage vorgeworfen. Erst ein Jahr zuvor hatte man ihn zum Leiter des Betriebes ernannt. Die fingierten Ermittlungen zogen sich über zwei Jahre hin. Im August 1940 befand ihn ein Beschluss der Sondersitzung des NKVD der Mitgliedschaft in einer „antisowjetischen trotzkistischen Organisation und Sabotage in der Verteidigungsindustrie" für schuldig. 1941 verstarb er im GULag.[1] Die Biographie des 1902 in einer Bauernfamilie geborenen Lanzetovs kann stellvertretend für das Schicksal Vieler in der frühen Sowjetunion gesehen werden. Sie war geprägt von einem kometenhaften Aufstieg in den Reihen der Bolschewiki nach der Oktoberrevolution und dem schlagartigen Fall in den Jahren 1936 bis 1938. Doch nicht nur die Elite des Sowjetstaates, die Nomenklatura, fiel den Stalinistischen Säuberungen zum Opfer. Lanzetovs abrupte Verhaftung, die politische Verfolgung und letztlich auch der Tod wiederholten sich hunderttausendfach. Die Repressionen konnten im Großen Terror der Jahre 1936 bis 1938 alle Sowjetbürger:innen treffen.

Das kleine gravierte Edelstahltäfelchen an der Hausfassade des ehemaligen Büros Fëdor Lanzetovs ist Teil einer russlandweiten – inzwischen sogar internationalen, postsozialistischen – Gedenkbewegung *Poslednij Adres*, die Letzte Adresse. *Poslednij Adres* erinnert an die Repressionsopfer des sowjetischen Staates und bringt ihre Namen in die Städte und Dörfer zurück. Initiiert wurde das kleine Gedenkschild in Perm von Elena Vaganova, der Leiterin des Werksmuseums des *Permskij prochovoj zavod,* dem traditionsreichen Hersteller von Kriegsmunition. Die Geschichte des Betriebs reicht bis in die Zeit der forcierten Industrialisierung Ende der 1920er Jahre zurück. Industrielle Sprengstoffe

1 So die biographischen Angaben zu Fedor Lanzetov auf der Seite der Bürgerinitiative *Poslednij Adres*. Vgl. *Perm', ulica Gal'perina, 11b*, in: Poslednij Adres. Verfügbar unter: https://www.poslednyadres.ru/news/news1265.htm (abgerufen am 11.05.2022).

produziert er seit 1934, wobei sich die Fabrik besonders für ihren Dienst im Großen Vaterländischen Kriege ausgezeichnet habe, als sie auch unter Belagerungszustand weiterarbeitete.[2]

Am 24. Februar 2022, einen Monat vor der Gedenkschildinstallation, begann der russische Staat seinen Angriffskrieg auf die Ukraine. Dieser Krieg, der bereits jetzt, knapp zwei Monate nach der Invasion, tausende unschuldige ukrainische Zivilist:innen- und Soldat:innenleben forderte, schuf innerhalb Russlands ein neues Klima der Angst und Unterdrückung unter jenen, die sich öffentlich gegen den Krieg bekennen. „Wir brauchen Frieden!" („Нам нужен мир!"), appellierte die zivilgesellschaftliche Initiative *Poslednij Adres* auf ihrer Website Anfang März. Kurz zuvor waren hier noch deutlichere Worte zu lesen: „Wir sind gegen den Krieg" („Мы против войны"). Den Krieg innerhalb Russlands öffentlich als solchen zu bezeichnen – offiziell handelt es sich um eine „Spezialoperation" – wird inzwischen mit Landes- und Staatsverrat abgestraft. Anfang März 2022 verabschiedete die Duma mehrere Gesetze, die jegliche Berichterstattung über das Militär, die nicht dem Wortlaut des Verteidigungsministeriums entspricht, ahnden. Von diesem drastischen Mediengesetz sind insbesondere auch ausländische Medienanstalten betroffen, die ihre Arbeit in Russland zeitweise unterbrachen.[3] Viele, vor allem junge Russ:innen, die kurz nach der Invasion in Sankt Petersburg, Irkutsk oder Moskau gegen den Krieg auf den Straßen demonstrierten, wurden verhaftet, verurteilt und inhaftiert. Tausende verließen Russland.

Diese neue Repressionswelle in Zeiten des Krieges verschafft den Erinnerungsinhalten des Kommemorationsprojektes *Poslednij Adres* eine ungeahnte Aktualität. Paradox scheint, dass während des Krieges gegen die Ukraine an einer russischen Militärfabrik, die Raketen-Sprengladungen herstellt, die ukrainische Städte zerbomben, eine Tafel für einen repressierten ehemaligen Direktor eingeweiht wird. Patriotische Selbstinszenierung und Glorifizierung des Sieges im Großen Vaterländischen Krieg sowie das Erinnern an die Opfer der sowjetischen Repressionen stehen innerhalb der russischen Erinnerungskultur unvermittelt nebeneinander. Produziert wird die Erinnerung an die Opfer des sowjetischen Staates jedoch vornehmlich von der Zivilgesellschaft. *Poslednij*

---

2 Hierzu die Selbstdarstellung des Betriebes auf der Website, die eine historische Verortung im Zeichen des Vaterlandsdienstes präsentiert. Vgl. *Permskij porochovoj zavod*. Verfügbar unter: http://fkpppz.ru/ (abgerufen am 11.05.2022).

3 Vgl. Julian Hans: „Medienzensur in Russland. Ein Land verblasst", in: *Zeit online*, 06. März 2022. Verfügbar unter: https://www.zeit.de/kultur/2022-03/russland-mediengesetz-zensur-pressefreiheit-auslaendische-journalisten (abgerufen am 16.07.2022).

Adres ist Ausdruck einer solchen Bewegung, die daran erinnert, dass inmitten der Stadt Wohnadressen zu Tatorten wurden. Dass Menschen unschuldig verhaftet, ins GULag verschleppt oder erschossen wurden. Die Initiative verdeutlicht, dass diese Ereignisse Jahrzehnte nachwirken und innerhalb der russischen Gesellschaft auch heute das Bedürfnis besteht, an die Opfer der politischen Repressionen zu erinnern.

Dieses Buch ist eine Studie zum Gedenkprojekt *Poslednij Adres*. Mein Buch folgt der Überzeugung, dass die Initiative für die russische Erinnerungskultur eine neue und innovative Form des Gedenkens darstellt. *Poslednij Adres* berührt noch kaum ausgehandelte Fragen der sowjetischen Geschichte, etwa die Zuschreibungen von Täter- und Opfersein[4] im Stalinismus. Es sei an dieser Stelle darauf hingewiesen, dass meine Studie einen Untersuchungszeitraum bis 2020 abdeckt. Da der 24. Februar 2022 eine Zäsur für die russische Erinnerungskultur und -politik darstellen wird, historisieren sich womöglich die betrachteten Inhalte. Neuere Entwicklungen, wie die gerichtlich beschlossene Schließung der Dachorganisationen Memorials im Dezember 2021 sowie die weitestgehend abgeschnittene Möglichkeit der neutralen Berichterstattung durch unabhängige Medien, werden aufgegriffen. Relevant ist dies im besonderen Maße für *Poslednij Adres*, da russischsprachige Internet- und Newsportale sowie unabhängige Medien über das Projekt, seine Verbreitung und die persönlichen Geschichten hinter den Schildern berichteten. Diese Medien stehen spätestens seit 2021 stark unter Druck, als im Zusammenhang mit den Duma-Wahlen restriktive Maßnahmen des Staates eingeleitet wurden. Die Medien sind auf (finanzielle) Unterstützung aus dem Ausland angewiesen und innerhalb Russlands sind sie teilweise nicht mehr oder nur noch via VPN erreichbar.[5]

Mein Buch soll Aufschlüsse über eine russische Erinnerungskultur geben, die nicht nur, wie so oft angenommen, von oben kontrolliert und dominiert, sondern auch von unten gestaltet und mit Leben gefüllt wird. Wie sich die weiteren Entwicklungen nach dem 24. Februar 2022 auf die russische Gedenkkultur,

4 Das Begriffspaar Täter und Opfer wird im Folgenden zugunsten der Leserlichkeit nicht gegendert. Es handelt sich hierbei um eine feststehende Bezeichnung ohne den Verweis auf konkrete Personen.

5 Hierzu exemplarisch: „Kak sochranit' podpisku v 2022 rogu", in: *Radio Arzamas*, 8. März 2022. Verfügbar unter: https://arzamas.academy/radio/announcements/podpiska (abgerufen am 11.05.2022); *Meduza*. Verfügbar unter: https://meduza.io/(abgerufen am 11.05.2022) sowie „O proekte", in: *Colta*. Verfügbar unter: https://www.colta.ru/about (abgerufen am 11.05.2022).

insbesondere auf die (unabhängige) gesellschaftliche Teilhabe und Gestaltung, auswirken werden, lässt sich zu diesem Zeitpunkt noch nicht sagen.

1. Einleitung

Дети врагов народа –
Дочери, сыновья.
Остаточная порода,
Щепки того дровья,
Что вспыхнуло и сгорело
В тридцать седьмом году.[6]

Kinder von Volksfeinden –
Töchter, Söhne.
Eine überschüssige Art,
Splitter vom Holzscheit,
Die verglüht und verbrannt sind
Im Jahr siebenunddreißig.

Spuren des Jahres 1937 befinden sich seit 2014 an Hauswänden in russischen Städten und Dörfern. Sie sind eingraviert in kleinen rechteckigen Täfelchen aus Edelstahl, die von den Töchtern und Söhnen der „Kinder von Volksfeinden" gestiftet wurden. Gewidmet sind sie vornehmlich jenen, denen der Name im stalinistischen Verfolgungswahn der 1930er Jahre genommen wurde. Ausdruck fanden die Erfahrungen des Stalinismus, die Angst und die Trauer, in der sowjetischen Gesellschaft jahrzehntelang nur in literarischer Form, die mindestens bis zum Tauwetter der 1950er Jahre im Verschlossenen blieben. Die Elegie *Rekviem* (dt. Requiem) der Dichterin Anna Achmatova erzählt die Gefühlswelt jener, deren Nahestehende im Zuge der sowjetischen Repressionen verschwanden, besonders eindrücklich:

Ich wollte sie alle beim Namen nennen,
Doch man nahm mir die Liste, wer kennt sie noch.
Für sie webte ich ein breites Tuch
Aus armseligen Wörtern, von ihnen gehört.

---

6 Boris Sluckij „Deti vragov naroda", in: Irina Ščerbakova: „Stichotvorenija rpssijskich poėtov o terrore i repressijach", in: *urok istorii*, 4. März 2015. Verfügbar unter: https://urokiistorii.ru/articles/stihotvorenija-rossijskih-pojetov-o-te (abgerufen am 11.05.2022). Der sowjetische Dichter Boris Abramovič Sluckij wurde 1919 in Slavjansk in der ukrainischen Sowjetrepublik geboren. 1957 wurde er in den Schriftstellerverband der UdSSR aufgenommen, viele seiner Gedichte erschienen in der Sowjetunion erst nach 1987. Er verstarb 1986 in Tula.

> An sie erinnere ich mich immer und überall,
> Auch in neuem Unglück werde sie nicht vergessen.[7]

Wie kein anderes Gedicht, das die Schrecken der Stalinschen Epoche reflektiert, wird Achmatovas *Rekviem* rezipiert und zitiert. Womöglich, weil es den ganzen tragischen Kern der sowjetischen Repressionsmaschinerie darstellt: die verzweifelte Gefühlswelt der Familienmitglieder der von Repressionen betroffenen Menschen[8], Mütter und Ehefrauen, die Schlange stehend vor Gefängnissen versuchten, etwas über ihre verurteilten Angehörigen in Erfahrung zu bringen. Aber auch die Unmöglichkeit, die fehlende Sprache, alle beim Namen zu nennen, denen er genommen worden war.

Im Zentrum dieser Studie steht ein zivilgesellschaftliches Projekt, das eine Sprache gefunden hat, um zumindest einem kleinen Teil der Opfer ihre Namen zurückzugeben. Gegründet im Dezember 2013 von einer Gruppe aus Aktivist:innen, Journalist:innen sowie Künstler:innen, besteht die Aufgabe der Poslednij Adres darin, an den letzten bekannten Wohnorten der Opfer[9] politischer Repressionen kleine Gedenkschilder anzubringen. Der selbstauferlegte Anspruch des Projektes Poslednij Adres, eine breite gesellschaftliche Initiative zu sein, geht mit der kontinuierlich wachsenden Anzahl an Erinnerungszeichen

7 Anna Achmatova: Requiem. Berlin 1987, S.39.
Achmatova verfasste den Gedichtzyklus zwischen den Jahren 1935 und 1961. Das Klagegedicht erschien in russischer Sprache erstmals 1963 in München. Anna Achmatovas gesamtes Werk wurde schließlich erst 1987 in der UdSSR veröffentlicht.

8 An dieser Stelle soll auch das Werk Lidija Čukovskajas „Sof'ja Petrovna" (dt. Ausgabe „Ein leeres Haus") genannt werden, dessen große Bedeutung darin liegt, dass es sehr nah am Zeitgeschehen Ende der 1930er Jahre verfasst wurde, und auf beklemmende und tragische Weise das Schicksal einer Leningrader Familie während der Zeit des „Großen Terrors" erzählt.

9 Der russische Menschenrechtsaktivist und Lokalhistoriker Jan Račinskij bewertet die Bezeichnung „Opfer politischer Repressionen" als Euphemismus, da seiner Meinung nach „Opfer des Staatsterrors" die treffendere Bezeichnung wäre. Obwohl in dem Terminus „Repressionen" tatsächlich eine Verharmlosung der staatlichen Verbrechen gesehen werden kann, wird in dieser Studie von „Repressierten" und nicht von „Terrorisierten" die Rede sein, da dies den offiziellen Sprachgebrauch widerspiegelt und Eingang in die sowohl westliche als auch östliche wissenschaftliche Literatur zum Stalinismus gefunden hat. Vgl. Sergej Medvedev: „Vojny za pamjat'" [Interview mit Anna Narinskaja und Jan Račinskij], in: *Radio Svoboda*, 7. November 2018. Verfügbar unter: https://www.svoboda.org/a/29585618.html (abgerufen am 17.08.2020).

in russischen Städten und Dörfern sowie in weiteren postsozialistischen Staaten einher.[10]

Vor diesem Hintergrund widmet sich dieses Buch den Fragen, welchen Beitrag Poslednij Adres bei der Herausbildung der russischen Erinnerungskultur einnimmt und welche Bedeutung dem Projekt insgesamt für die russische Erinnerung an den staatlichen Terror der Sowjetunion zugeschrieben werden kann. Auch geht es der Frage nach, welche Erinnerung Poslednij Adres selbst zeichnet und wie sich diese konstituiert.

Der Initiative Poslednij Adres werde ich mich in dieser Studie multiperspektivisch nähern. Die durch Poslednij Adres eröffneten Zeitschichten sowjetischer Repressionserfahrungen werden kontextualisiert. Vor allem aber geht es um die Analyse des Projektes: Seine Genese, seine Akteur:innen sowie seine Gedenkarbeit. Im Mittelpunkt steht dabei die Verortung des Projektes in der russischen Erinnerungslandschaft sowie innerhalb eines Dreiecksverhältnisses zwischen Staat und Gesellschaft.

Eine Annäherung an das GULag[11] und die Stalinistischen Repressionen aus erinnerungskultureller Perspektive wurde insbesondere durch westliche Forschungsarbeiten angestoßen.[12] Inzwischen existiert eine Fülle an

10 Vgl. „Memorial'ny proekt ‚Poslednij adres'", in: *Poslednij adres*. Verfügbar unter: https://www.poslednyadres.ru/about/ (abgerufen am 21.08.2020).

11 Glavnoe upravlenie ispravitel'no-trudovych lagerej i kolonij (dt. Hauptverwaltung der Besserungsarbeitslager und -kolonien).

12 Hierzu exemplarisch: Nanci Adler: Victims of Soviet Terror. The Story of the Memorial Movement. Westport 1993; dies.: The Gulag Survivor. Beyond the Soviet System. New Brunswick 2002; Kathleen E. Smith: Remembering Stalin's Victims. Popular Memory and the End of the USSR. Ithaca 1996; dies.: „Conflict over Designing a Monument to Stalin's Victims: Public Art and Political Ideology in Russia, 1987–1996", in: James Cracraft und Daniel Rowland (Hrsg.): *Architectures of Russian Identity, 1500 to the Present: 1500 to the Present*. New York 2003, S.193–203; Catherine Merridale: Night of Stone. Death and Memory in Twentieth-Century Russia. New York 2001; Stephen F. Cohen: The Victims Return. Survivors of the Gulag after Stalin. Exeter 2010. Auch neuere russische Forschungsarbeiten setzen sich mit der Erinnerung an und mit der Aufarbeitung des GULags und des Stalinismus auseinander. Hierzu etwa: Andrej Igorevič Nikitin: Perm' -36. Chronika novych represij. Istorija o tom, kak ubivali pamjat' i Muzej istorii političeskich repressij. Perm 2019 sowie Nikolaj Ėpple: Neudobnoe prošloe. Pamjat' o gosudarstvernnych prestuplenijach v Rossii i drugich stranach. Moskva 2020. Im März 2022 erschien daneben unter Herausgabe von Alan Barenberg und Smily D. Johnson *Rethinking the Gulag. Identities, Sources, Legacies*. Bloomington 2022. Der Sammelband bietet neue Forschungsmethoden zum Verständnis des GULag-Systems und zeigt Facetten des Erinnerns auf.

Veröffentlichungen zu diesem Themenbereich, weshalb hier nur selektiv die für Poslednij Adres bedeutendsten Publikationen aufgezeigt werden können. Hervorzuheben ist, dass die Erinnerung an das sowjetische GULag oftmals stellvertretender Untersuchungsgegenstand für die gesamten staatlichen Repressionen in Gedenkkultur und wissenschaftlicher Literatur ist. So schreibt Anne Applebaum in ihrem wegweisenden Werk zur Geschichte des GULag-Systems:

> […] ‚Gulag' has come to mean the Soviet repressive system itself, the set of procedures that prisoners once called the ‚meat-grinder': the arrests, the interrogations, the transport in unheated cattle cars, the forced labour, the destruction of families, the years spent in exile, the early and unnecessary deaths.[13]

Einen wichtigen Impuls für die Verortung des Projektes Poslednij Adres in der russischen Erinnerungskultur bot die Lektüre Alexander Etkinds „Warped Mourning". Darin analysiert der Kulturhistoriker verschiedene Formen des Erinnerns und Bewältigens in der Sowjetunion und Russland, die vor allem in Form von Literatur, Film, Musik oder Debatten stattfanden. Die Beschäftigung mit dem Stalinismus habe im Laufe der Zeit zwar unterschiedliche Formen angenommen, jedoch nicht, so die These, an Intensität verloren. Etkind arbeitet außerdem die Schwierigkeit von Gedächtnisarbeit im postsowjetischen Russland heraus. Bedeutend ist zudem die Monografie „Gulag Memories" der Anthropologin und Soziologin Zuzanna Bogumil, in der sie ebenjene, von Applebaum eingeführte, synonyme Verwendung der Bezeichnungen des Gedenkens an das GULag und an die staatlichen beziehungsweise Stalinistischen Repressionen übernimmt. Anhand lokaler Fallstudien, etwa den Soloveckij-Inseln oder der Region Kolyma, analysiert sie den dort stattfindenden Erinnerungsprozess der Gedenkprojekte und filtert die daran beteiligten Akteure und deren divergierende Narrative heraus.[14] Auch die Monografie „Remembering Stalin's Victims" der Soziologin Kathleen E. Smith soll nicht unerwähnt bleiben. Darin untersucht Smith, wie die Repressionen in der Sowjetunion politisch verarbeitet wurden. Mit Fokus auf die Menschenrechtsorganisation Memorial stellt sie den Konflikt zwischen Staat und Gesellschaft unter Nikita Chruščëv und Michail Gorbačëv hinsichtlich des Umgangs mit dem Stalinismus dar. Smith vertritt die These, dass sowohl Chruščëv als auch Gorbačëv versuchten, den Antistalinismus kontrolliert einzusetzen, um ihre eigene politische Legitimation zu bekräftigen,

---

13 Anne Applebaum: The Gulag. A History. London 2004, S. 3.

14 Vgl. Zuzanna Bogumil: Gulag Memories. The Rediscovery and Commemoration of Russia's Repressive Past. New York und Oxford 2018.

indem sie darauf hinwiesen, wie sich ihre Herrschaft von früheren Praktiken unterschied.[15] Zu nennen sind außerdem die Publikationen der russischen Kulturwissenschaftlerin und Memorial-Mitbegründerin Irina Ščerbakova. In ihrem essayistisch verfassten Buch „Zerrissene Erinnerung" gibt das Gründungsmitglied Memorials aufschlussreiche Einblicke in den gesellschaftlichen und staatlichen Umgang mit der sowjetischen Vergangenheit.[16]

Einschlägig für die deutsche Forschung zur russischen Erinnerungskultur ist der von Jörg Ganzenmüller und Raphael Utz herausgegebene Sammelband „Sowjetische Gesellschaftsverbrechen in der russischen Erinnerungskultur: Orte – Akteure – Identitäten". „Während der Gulag im Westen gemeinhin zu den großen Gesellschaftsverbrechen des 20. Jahrhunderts gezählt wird, findet in Russland nur eine rudimentäre Aufarbeitung der Geschichte des sowjetischen Lagersystems statt", [17] betonen Jörg Ganzenmüller und Raphael Utz einleitend. Demgegenüber geben verschiedene Autor:innen, wie Ekaterina Makhotina, Anna Schor-Tschudnowskaja oder Elke Fein, Einblicke in die diversen Formen der Erinnerung an die staatlichen Verbrechen der Stalinschen Epoche. Am Beispiel unterschiedlicher Akteure an verschiedenen Orten wird aufgezeigt, wie erinnert wird und wie dadurch dic russische Erinnerungskultur vielfältige Prägungen erhielt. Im Zentrum steht dabei das Spannungsverhältnis staatlicher Prozesse und gesellschaftlicher Aktionen.

Dem Projekt Poslednij Adres wurde sich seit 2020 in Beiträgen aus unterschiedlichen Disziplinen genähert. Zu nennen ist ein Aufsatz von F. D. Veselov, der 2020 in einem Sammelband zur gegenwärtigen Erinnerungspolitik

---

15 Vgl. Kathleen E. Smith: Remembering Stalin's Victims. Popular Memory at the End of USSR. Ithaca and London 1996.

16 Vgl. Irina Scherbakowa: Zerrissene Erinnerung. Der Umgang mit Stalinismus und Zweitem Weltkrieg im heutigen Russland. Göttingen 2010. Als Autorin widmete sich Irina Scherbakowa auf einer Mikroebene auch ihrer eigenen Familiengeschichte im Kontext der großen Umbrüche des 20. Jahrhunderts. Siehe hierzu Irina Scherbakowa: Die Hände meines Vaters. Eine russische Familiengeschichte. München 2017.

17 Vgl. Jörg Ganzenmüller und Raphael Utz: „Exkulpation und Identitätsstiftung. Der Gulag in der russischen Erinnerungskultur", in: Jörg Ganzenmüller und Raphael Utz (Hrsg.): *Sowjetische Verbrechen und russische Erinnerung. Orte – Akteure – Deutungen.* Jena 2014, S. 1–30, hier: S. 1. Auch in diesem Sammelband findet sich die synonyme Anwendung der Bezeichnungen GULag und staatliche Repressionen für die russische Erinnerungskultur.

in Russland von der Universität Sankt Petersburg publiziert wurde.[18] Veselov untersucht darin am Beispiel der Poslednij Adres die Beziehung zivilgesellschaftlicher Akteure zum russischen Staat beziehungsweise zu den Behörden. Der Beitrag Veselovs verhalf dazu, verschiedene staatliche Prozesse hinsichtlich des Umgangs mit Nichtregierungsorganisationen besser zu verstehen. Innerhalb des Sammelbandes „Steine des Anstoßes. Die Stolpersteine zwischen Akzeptanz, Transformation und Adaption“ erschien 2021 ein Beitrag der Psychologin und Soziologin Anna Schor-Tschudnowskaja zur internationalen Bewegung der Letzten Adresse.[19] Dabei stehen vor allem die Entstehungsgeschichte der Initiative als transformierter Gedenkansatz des deutschen Stolperstein-Projektes sowie deren gesellschaftlicher Kontext im Vordergrund. Darüber hinaus interpretiert der Historiker und Soziologe Mischa Gabowitsch die Letzte Adresse als Beispiel einer aus Deutschland (Stolpersteine) inspirierten Idee der Auseinandersetzung mit der eigenen Vergangenheit in Russland, um einer vermeintlichen Rehabilitierung Stalins entgegenzuwirken.[20] Im Januar 2021 veröffentlichte daneben die Anthropologin Eliza Frenkel unter dem Titel „Installing a Biography: The Intertwined Pathway of a Last Address Memorial Plaque in Post-Soviet Russia“ die Ergebnisse ihrer ethnographischen Forschungen im Rahmen des Projektes Poslednij Adres in Sankt Petersburg. Obgleich die Beiträge von Anna Schor-Tschudnowskaja und Eliza Frenkel nach Fertigstellung der vorliegenden Studie erschienen sind, konnten einige relevante Aspekte aufgegriffen werden. Dennoch fehlt es in allen erwähnten Beiträgen an einer vollumfänglichen Analyse der Poslednij Adres und deren Verortung in der russischen Erinnerungskultur.

Als Quellenkorpus für die Analyse und Einordnung des Projektes Poslednij Adres dienten diverse online zugängliche russische Zeitungs- und Zeitschriftenartikel, Äußerungen der Verantwortlichen des Projektes in sozialen Netzwerken sowie Publikationen auf News-Portalen. Auch verschiedene Youtube-Videos des

18 Vgl. F. D. Veselov: „‚Poslednij Adres‘: Negosudarstvennyj memorial’nyj proekt i politika pamjati v Rossii“, in: A. I. Miller und D. V. Efremenko (Hrsg.): *Politika pamjati v sovremennoj Rossii i stranach vostočnoj Evropy*. Sankt-Peterburg 2020, S. 202–229.

19 Anna Schor Tschudnowskaja: „Internationale Bewegung Die letzte Adresse. Wie die Idee der Stolpersteine in eine Erinnerung an den Staatsterror in der Sowjetunion umgewandelt wird“, in: Silvija Kavčič, Thomas Schaarschmidt, Anna Warda und Irmgard Zündorf (Hrsg.): *Steine des Anstoßes. Die Stolpersteine zwischen Akzeptanz, Transformation und Adaption*. Berlin 2021, S. 239–263.

20 Mischa Gabowitsch: „Replicating Atonement: The German Model and Beyond“, in: ders. (Hrsg.): *Replicating Atonement: Foreign Models in the Commemoration of Atrocities*. Basingstoke 2017, S. 1–24. Siehe hierzu Kapitel 7.

Projektes wurden für die Analyse in diesem Buch herangezogen. Wichtig waren zudem Interviews mit dem Initiator der Poslednij Adres, Sergej Parchomenko. Zu nennen ist daneben ein Mailinterview der Autorin mit dem Kurator der Permer Zweigstelle des Projektes, Aleksandr Černyšov, vom Mai 2020. Ferner wurden verschiedene die Erinnerungspolitik betreffende Dokumente und Entscheidungen der russischen Regierung herangezogen.

Es sei darauf hingewiesen, dass alle direkten und indirekten russischsprachigen Zitate von der Autorin ins Deutsche übersetzt wurden und in den verwiesenen Quellenangaben im Original zu finden sind. Für sämtliche russischsprachigen Begriffe wurde die deutsche wissenschaftliche Transliteration verwendet.

2. Zeitschichten der Erinnerung

2.1. Stalinismus und Großer Terror

Bereits kurz nach der Oktoberrevolution 1917 etablierten die Bolschewiki im Jahre 1918 die Errichtung von Arbeitslagern für potentielle politische Oppositionelle. Bis 1922 existierten bereits 65 Lager im ganzen Land, darunter das als Keimzelle der sowjetischen Lagerlandschaft geltende Besserungsarbeitslager im hohen Norden auf den Soloveckij-Inseln.[21]

Das als GULag bekannte System der Arbeitsbesserungslager in der Sowjetunion nahm im frühen Stalinismus und später während des Großen Terrors eine immer größer werdende Bedeutung für die Strafverfolgung ein, wobei auch die wirtschaftliche Funktion des GULags nicht zu vernachlässigen ist. Daneben verabschiedete die sowjetische Führung bereits 1926 ein neues Strafgesetzbuch, das vorsah, alle „antisowjetisch" motivierten Handlungen mit strafrechtlichen Repressionen zu ahnden.[22]

Im Jahre 1929 beschloss das Zentralkomitee der Kommunistischen Partei auf Vorschlag Stalins die sogenannte lückenlose Kollektivierung. Dieser Parteibeschluss unterschied drei Kategorien sogenannter „Kulaken" und führte zu Enteignungen, Zwangsumsiedlungen, Lagerhaft oder zu Hinrichtungen. Somit sind als erste Opfer der Massengewalt der Bolschewiki in den nachrevolutionären Jahren die als Kulaken bezeichneten freien Bauern zu nennen.[23] „Revolutionäre Gewalt" war fortan verstaatlicht, so der Historiker Stefan Plaggenborg. „Wer jetzt revolutionierte, war Konterrevolutionär."[24] Bezeichnend ist, dass Recht und Gewalt im Stalinismus keine sich ausschließenden Begriffe waren. Gewalt existierte vielmehr auf Rechtsgrundlage. So ermöglichte es der berüchtigte

21 Vgl. Nanci Adler: The Gulag Survivor. Beyond the Soviet System. New Brunswick und London 2002, S. 14.

22 Vgl. Leonid P. Kopalin: „Zur Rehabilitierung deutscher Staatsbürger, die von sowjetischen Organen aus politischen Motiven repressiert wurden", in: Klaus-Peter Graffius und Horst Hennig (Hrsg.): *Zwischen Bautzen und Workuta. Totalitäre Gewaltherrschaft und Haftfolgen*. Leipzig 2004, S. 184–209, hier: S. 186.

23 Vgl. Hildermeier: „Stalinismus und Terror". 2000, S. 594f.

24 Stefan Plaggenborg: „Gewalt im Stalinismus. Skizzen zu einer Tätergeschichte", in: Manfred Hildermeier (Hrsg.): *Stalinismus vor dem Zweiten Weltkrieg. Neue Wege der Forschung*. München 1998, S. 193–208, hier: S. 199.

Paragraph 58 des Strafgesetzbuches, sämtliche als „gegenrevolutionär" eingestuften Handlungen gewaltsam zu sanktionieren.[25]

Nach der Öffnung der Archive in den 1990er Jahren wurde bekannt, dass der Große Terror aus einer Reihe von Operationen bestanden hatte, die sich gegen verschiedene Gruppierungen gerichtet hatten und vom Politbüro genehmigt worden waren. Als unmittelbarer Auslöser des Großen Terrors gilt ein NKVD[26]-Beschluss gegen „antisowjetische Elemente".[27] So erließ Nikolaj Ežov, der von 1936 bis 1938 den NKVD leitete, am 30. Juli 1937 den *Ukaz* (dt. Dekret) Nr. 00447, mit dem die breite Bevölkerung ins Visier der Massenrepressionen geriet. Dieser Erlass gilt als Schlüsseldokument des Jahres 1937, indem er dazu anwies, *Trojkas*[28] zu bilden und ehemalige Kulaken, Mitglieder antisowjetischer Parteien, Gendarmen, Priester oder Kriminelle zu registrieren und das ihnen angemessene Strafmaß festzulegen. Die erste Kategorie sah als Bestrafung die Erschießung vor, die zweite die Verbannung in Besserungsarbeitslager für acht bis zehn Jahre. Dieses Dekret enthielt im Grunde alle Elemente, die für die weiteren Massendeportationen der Jahre 1937 bis 1939 charakteristisch waren, und wurde somit zum Ausgangspunkt und Muster weiterer Befehle, die sich vor allem gegen ethnische Minderheiten und Emigrantengruppen richteten.[29] Dementsprechend waren es weniger Individuen, sondern als gefährlich eingestufte Teile oder Gruppen der Bevölkerung, die den „Liquidierungen" oder zumindest der Isolierung im GULag zum Opfer fielen.

Der Große Terror bedeutete nicht nur einen Krieg gegen die Partei, sondern vor allem gegen das eigene Volk.[30] Dem Großen Terror fielen, seit seinem Beginn im Juli 1937 bis zur Absetzung Ežovs im November 1938, rund 1,5 Millionen Menschen zum Opfer, von denen etwa 700.000 ermordet wurden.[31] Eine

---

25 Vgl. Stefan Plaggenborg, „Stalinismus als Gewaltgeschichte", in: Stefan Plaggenborg (Hrsg.): *Stalinismus. Neue Forschungen und Konzepte.* Berlin 1998, S. 71–112, hier: S. 78.

26 Nardonyj komissariat vnutrennich del (dt. Volkskommissariat für innere Angelegenheiten). Von 1934 bis 1941 gebräuchliche Bezeichnung für das sowjetische Innenministerium. Ihm unterstand das GULag.

27 Vgl. Oleg Chlewnjuk: Stalin. Eine Biographie. München 2015, S. 245.

28 Trojkas waren Schnellgerichte, die sich aus dem ersten Sekretär der KP, dem NKVD-Leiter und dem Staatsanwalt auf lokaler Ebene zusammensetzten.

29 Vgl. Karl Schlögel: Terror und Traum. Moskau 1937. München 2008, S. 627f.

30 Vgl. Barry McLoughlin: „Die Massenoperationen des NKWD. Die Dynamik des Terrors 1937/38", in: Wladislaw Hedeler (Hrsg.): *Stalinscher Terror 1934–1941. Eine Forschungsbilanz.* Berlin 2002, S. 33–50, hier: S. 50.

31 Vgl. Schlögel: Terror und Traum. 2008, S. 605.

tatsächliche individuelle Schuld spielte dabei, wenn überhaupt, nur eine nebensächliche Rolle. Sie wurde, wenn nötig, wie in den großen Moskauern Schauprozessen gegen die „prominente Garde der Alt-Bol'ševiki“[32] erfunden, um eine publikumswirksame Form des Rechtsverfahrens vorzutäuschen.[33]

Bis zum Ende der Sowjetunion orientierte sich die Forschung zum Stalinistischen Terror der 1930er Jahre überwiegend an gedruckten Quellen und der existierenden Memoirenliteratur. Hieraus entstand das beständige Narrativ, die Verhaftungswellen der 1930er Jahre hätten in erster Linie Staats-, Partei-, Armee- und Industriekader getroffen. Die seit Öffnung der Archive in den 1990er Jahren publizierten Studien stellten diese Erzählung jedoch in Frage.[34] So machten die Angehörigen der sowjetischen Elite lediglich einen Bruchteil der zwischen 1937 und 1938 erschossenen Opfer aus.[35] Dies in den Blick nehmend konstatiert der irische Historiker Barry McLoughlin:

> Eine interessante Herausforderung für alle Historiker, die sich mit dem Phänomen Stalinismus befassen, liegt darin, diese große Mehrheit der Opfer ins Zentrum der Forschung zu rücken. Denn sie haben keine Memoiren hinterlassen, aber Verwandte, die seit der Gorbatschow-Ära darum kämpfen […] daß sie rehabilitiert werden.[36]

Unter der Prämisse, diese große Mehrheit der Opfer ins Zentrum des Gedenkens zu rücken, handelt Poslednij Adres. Nicht nur Berufsrevolutionäre aus Staat und Partei, sondern auch gewöhnliche Menschen fielen dem Terror zum Opfer. Ihrer soll nun gedacht werden. Der Großteil der zu erinnernden Personen wurde in den Jahren 1937 und 1938 verhaftet und zum Tode verurteilt.[37] Den hierbei

32 Hildermeier: „Stalinismus und Terror“. 2000, S. 598.

33 Vgl. Nathan Steinberger: „Zu den Hintergründen der ‚Säuberungen‘“, in: Hermann Weber und Dietrich Staritz (Hrsg.): *Kommunisten verfolgen Kommunisten. Stalinscher Terror und ‚Säuberungen‘ in den kommunistischen Parteien Europas seit den dreißiger Jahren*. Berlin 1993, S. 59. Nathan Steinberger promovierte 1935 in Moskau mit Untersuchungen zur Agrarpolitik des Nationalsozialismus, 1936 erhielt er die Staatsbürgerschaft der UdSSR.

34 Vgl. McLoughlin: „Die Massenoperationen des NKWD“. 2002, S. 33.

35 Vgl. Wehner: „Stalinismus und Terror“. 1998, S. 380.

36 McLoughlin: „Die Massenoperationen des NKWD“. 2002, S. 34. Verwiesen werden soll an dieser Stelle auf das Werk „Die Flüsterer. Leben in Stalins Russland“ von Orlando Figes aus dem Jahr 2008. Darin erzählt Figes erstmals die Geschichte des Privatlebens in der Stalinzeit und somit auch des Großen Terrors, wobei es ihm gelingt, die enorm hohen Opferzahlen in individuellen Lebensgeschichten anschaulich zu machen.

37 Im Perm Kraj wurden beispielsweise von den 47 installierten Gedenktafeln für Repressierte 40 für erschossene Opfer des Großen Terrors und sieben für rehabilitierte Gefangene des GULags angebracht. Das Zahlenverhältnis beträgt laut Polsednij

geschaffenen Zugang zur Geschichte über die Biographien von Einzelpersonen bewerten sowohl Irina Ščerbakova als auch Manfred Hildermeier als Möglichkeit, die Ereignisse während des willkürlichen Terrors unter Stalin sowie die dahinterstehenden Mechanismen zu verstehen.[38]

Gleichzeitig ist es jedoch nicht unproblematisch, die Wahrnehmung von Geschichte auf die idealtypischen Perspektiven von Tätern und Opfern zu reduzieren. In Bezug auf den Nationalsozialismus definiert Aleida Assmann: Neben den ausschließlichen Täter:innen habe es zeitweilig involvierte Täter:innen gegeben. Ebenso haben neben den ausschließlichen Opfern auch involvierte Opfer oder zeitweilige Opfer existiert. Hinzu sei der Rollenwechsel von Opfern zu Tätern gekommen.[39] Besonders Letzteres ist mit Blick auf die frühe Sowjetunion von Bedeutung, da sich hier gewissermaßen eine umgekehrte Dynamik zeigt: „Viele, die in den Säuberungen Opfer geworden waren, sind zuvor, in der Kollektivierung, Täter gewesen. Viele, die in der Säuberung nach oben gekommen sind, sind im Großen Vaterländischen Krieg in den Fleischwolf des Krieges geraten", schreibt Karl Schlögel.[40] So ist, und dies sei hier nochmals ausdrücklich hervorgehoben, die Frage, wer im Stalinismus Täter und Opfer war, nicht immer klar zu beantworten. Die „Gewalt als kulturelle Infrastruktur des Stalinismus",[41] wie Plaggenborg ausführt, kulminierte unter Umständen in einer Vermischung von Täter- und Opferschaft.

Als Extremfall der Vermischung ließe sich Nikolaj Ežov nennen, der den Großen Terror gewissermaßen initiierte, bis er selbst verhaftet, verurteilt und exekutiert wurde. Gleiches gilt für zahlreiche Mitarbeitende der Geheimpolizei.[42] Etwa die Hälfte der Sekretäre der Regionalkomitees, die noch im August 1937 gebündelte Todesurteile unterzeichnet hatte, wurde bis November 1938 bereits

Adres-Kurator Aleksandr Černyšov 6:1. Mailinterview der Autorin mit Aleksandr Černyšov vom 28. Mai 2020.

38 Vgl. Irina Scherbakowa: Zerrissene Erinnerung. Der Umgang mit Stalinismus und Zweitem Weltkrieg im heutigen Russland. Göttingen 2010, S. 143 sowie Hildermeier: „Stalinismus und Terror". 2000, S. 600.

39 Vgl. Aleida Assmann: „Die Last der Vergangenheit", in: *Zeithistorische Forschungen* 4, 3 (2007), S. 375–385, hier: S. 379.

40 Karl Schlögel: „Orte und Schichten der Erinnerung. Annäherungen an das östliche Europa", in: *Osteuropa* 58, 6 (2008), S. 13–25, hier: S. 19f.

41 Vgl. Plaggenborg: „Gewalt im Stalinismus". 1998, S. 208.

42 Vgl. Plaggenborg: „Gewalt im Stalinismus". 1998, S. 208.

selbst hingerichtet.[43] Trotz dieser Vermischung von Täter- und Opferschaft im Stalinismus darf dennoch nicht außer Acht gelassen werden, dass die überwiegende Mehrheit der Ermordeten unschuldige Opfer[44] waren. Diese vermeintliche Blindheit und Zufälligkeit des Großen Terrors erinnerte die Überlebenden an eine „Naturkatastrophe", die keinen Urheber hatte.[45] Erst Nikita Chruščëv sollte in den 1950er Jahren Stalin als (Allein-)Verantwortlichen des Terrors benennen. Damit entlastete er seine Generation von jeglicher Schuld.

2.2. Entstalinisierung unter Nikita Chruščëv

Mit dem Tod Stalins am 5. März 1953 ging ein innerparteilicher Machtkampf einher, der sich entscheidend mit der repressiven Politik Stalins auseinandersetzte und den Terror als Machtinstrument in Frage stellte. Die Mitglieder des Zentralkomitees betrachteten eine Revision der vergangenen Politik als unumgänglich, was zur „Tauwetter"-Periode führte.[46] Insofern endete mit dem Tod Stalins gleichermaßen der gegen das eigene Volk gerichtete staatliche Massenterror.[47] Grundsätzlich lässt sich die veränderte Herrschaftspraxis nach Stalins Tod nicht als Hinwendung zu vollständiger Rechtsstaatlichkeit bezeichnen, sondern als System, das der Legalität vor Formen der Sondergerichtsbarkeit Vorschub einräumte.[48] Demnach betraf die Entstalinisierung nicht nur den gesamten

43 Vgl. Arsensy Roginsky: „The Embrace of Stalinism", in: *openDemocracy*, 16. Dezember 2008. Verfügbar unter: https://www.opendemocracy.net/en/the-embrace-of-stalinism/ (abgerufen am 17.08.2020).

44 Zu den verschiedenen Opfergruppen und der „Entdeckung der Opfer" nach dem Untergang der Sowjetunion, insbesondere auch die Frage nach den Täter:innen in der sowjetischen Geschichte im Kontext einer *Transnational Justice* Perspektive, siehe den von Tanja Penter verfassten Beitrag „Der Untergang der Sowjetunion und die Entdeckung der Opfer", in: Harriet Rudolph und Isabella von Treskow (Hrsg.): *Opfer. Dynamiken der Viktimisierung vom 17. bis zum 21. Jahrhundert*. Heidelberg 2020, S. 317–333.

45 Vgl. Baberowski: Verbrannte Erde. 2012, S. 505.

46 Vgl. Marc Elie: „Rehabilitation in the Soviet Union, 1953–1964: A Policy Unachieved", in: K. McDermott und M. Stibbe (Hrsg.): *De-Stalinising Eastern Europe*. London 2015, S. 25–45, hier: S. 25.

47 Vgl. Dietmar Neutatz: „Taking Stock of the Khrushchev Era", in: Thomas M. Bohn et al. (Hrsg.): *De-Stalinisation Reconsidered. Persistence and Change in the Soviet Union*. Frankfurt am Main 2014, S. 251–262, hier: S. 260.

48 Vgl. Stefan Plaggenborg: Experiment Moderne. Der sowjetische Weg. Frankfurt am Main 2006, S. 214.

staatlichen Umgang mit Abweichungen vom vorgegeben sozialistischen Gesellschafts- und Menschenideal, sondern auch den Umgang mit der Bevölkerung überhaupt. Aufgrund der enormen Bedeutung der Strafpolitik für die sowjetische Innen- und Außenpolitik tangierte die Entstalinisierung den Kern der bisherigen Herrschaftsausübung. Das bleibende historische Verdienst Chruščëvs war es, dass die mit seiner Geheimrede initiierte Kursänderung eine Neuauflage stalinistischer Massenrepressionen dauerhaft unmöglich gemacht hat.[49] Vor den Delegierten des XX. Parteitages der KPdSU im Jahr 1956 verkündete er:

> Und gerade in dieser Periode (der Jahre 1935 bis 1938) kam es zur Praxis der massenweisen Repressalien von Staats wegen, zuerst gegenüber den Gegnern des Leninismus: gegenüber den Trotzkisten, Sinowjewleuten und Bucharinleuten, die schon seit langem politisch von der Partei zerschlagen waren, später auch gegen viele ehrliche Kommunisten, gegenüber denjenigen Parteikadern, die die schwere Last des Bürgerkrieges sowie der ersten und schwierigsten Jahre der Industrialisierung und Kollektivierung auf ihren Schultern getragen hatten, die aktiv gegen die Trotzkisten und Rechtsabweichler um eine leninistische Parteilinie gekämpft hatten.
> Stalin führte den Begriff ‚Volksfeind' ein. Dieser Terminus […] erlaubte die Anwendung schrecklichster Repressionen, wider alle Normen der revolutionären Gesetzlichkeit […].[50]

Chruščëv betonte, dass Stalin selbst für die begangenen Gewalttaten verantwortlich war und brach gleichsam mit dem Personenkult um den Diktator. Im selben Moment stilisierte er die Kommunistische Partei als wahres Opfer des staatlichen Terrors und hielt an ihrer Unfehlbarkeit fest, indem er nahezu ausschließlich über ehemalige Mitglieder des Zentralkomitees und einige Alt-Bolschewiki sprach.[51] Chruščëv initiierte mit dieser Rede das Narrativ einer gewaltigen Katastrophe, die über die Sowjetunion hereingebrochen und deren Urheber letztlich Stalin gewesen war. Einen Großteil der Opfer des sowjetischen Terrors erwähnte er nicht.[52] Insofern bleibt fraglich, ob Chruščëv, wie Baberowski betont, aus vorrangig moralischen Gründen über die „Greuel der Vergangenheit" und die

---

49 Vgl. Hilger: „Grenzen der Entstalinisierung". 2008, S. 253 und S. 262.

50 „Rede des Ersten Sekretärs des ZK der KPdSU, Gen. N. S. Chrustschow, auf dem XX. Parteitag der Kommunistischen Partei der Sowjetunion. 25. Februar 1956" in: *Die Geheimrede Chruschtschows. Über den Personenkult und seine Folgen.* Berlin (DDR) 1990, S. 16f.

51 Vgl. ebd. S. 25.

52 Applebaum: The Gulag. 2004, S. 456. Zu den nicht erwähnten Opfern zählen unter anderem parteiunabhängige „einfache" sowjetischer Bürger:innen die Toten der erzwungenen Hungerkatastrophe in der Ukraine, Russland und Kasachstan 1932/1933.

Verbrechen Stalins sprach.[53] So war doch die Rede in erster Linie für das „Parteiestablishment“ bestimmt gewesen und rief deshalb nicht zu einer gesellschaftlichen Auseinandersetzung mit den Verbrechen der Vergangenheit auf.[54] Die Benennung Stalins als Hauptverantwortlichen der Repressionen führte dazu, dass Individualverbrechen während des Großen Terrors kaum hinterfragt werden mussten. Dabei hallt die strikte Trennung zwischen dem Verbrecher Stalin und dem Volk als Opfer, die Chruščëv in seiner Geheimrede postulierte, bis heute in Russland nach.[55] Stalin tritt der gegenwärtigen Erinnerungskultur vor allem als großer Heeresführer der Roten Armee, der die Sowjetunion trotz der immensen menschlichen Verluste im Großen Vaterländischen Krieg von 1941 bis 1945 zum Sieg führte, in Erscheinung. Der Sieg im Krieg ist somit unweigerlich mit dem Namen Iosif Stalins verbunden und lässt die Repressionserfahrungen der 1930er Jahre in den Hintergrund rücken oder gar als notwendiges Übel für den Sieg erscheinen.

Die Festlegung dessen, wer Opfer des stalinistischen Systems und der Repressionen geworden war, gestaltete sich in der Chruščëv-Ära als ausgesprochen schwierig. Blieb doch die Interpretation, wann gewöhnliche Justizurteile endeten und politischer Terror begann, ein kontinuierlicher Konfliktherd.[56] Die sowjetische Führung schuf in der Tauwetter-Periode eine Reihe von Kommissionen mit dem Auftrag, individuelle Fälle von Personen zu überprüfen, die nach Artikel 58 verurteilt worden waren und deren Rehabilitierungen durchzuführen.

Die kurz nach Stalins Tod erfolgte große Amnestie vom 27. März 1953 nach dem Vorschlag Lavrentij Berijas[57] diente vielmehr einer rein pragmatischen Entlastung des GULag,[58] waren doch weiterhin politische Häftlinge davon

---

53 Vgl. Baberowski: Verbrannte Erde. 2012, S. 499.

54 Vgl. Beate Fieseler: „Ende des Gulag-Systems? Amnestien und Rehabilitierungen nach 1953“, in: Julia Landau und Irina Scherbakowa (Hrsg.): *Gulag. Texte und Dokumente 1929–1956*. Bonn 2014, S. 170–179, hier: S. 173.

55 Vgl. Jörg Ganzenmüller und Raphael Utz: „Exkulpation und Identitätsstiftung. Der Gulag in der russischen Erinnerungskultur“, in: Jörg Ganzenmüller und Raphael Utz (Hrsg.): *Sowjetische Verbrechen und russische Erinnerung. Orte – Akteure – Deutungen*. Jena 2014, S. 1–30, hier: S. 28.

56 Vgl. Miriam Dobson: Khrushchev's cold summer: Gulag returnees, crime, and the fate of reform after Stalin. Ithaca 2009, S. 6.

57 Lavrentij Berija übernahm 1938 die Position des Leiters des NKVD, nachdem sein Vorgänger Nikolaj Ežov im Zuge der Säuberungen 1940 hingerichtet worden war. Diese Stellung hielt Berija bis kurz nach Stalins Tod 1953 inne, als auch er im selben Jahr erschossen wurde.

58 Vgl. Hilger: „Grenzen der Entstalinisierung“. 2008, S. 255.

ausgeschlossen, die wegen „konterrevolutionärer Verbrechen“ nach Artikel 58 verurteilt worden waren.[59] Daneben verliefen die Rehabilitierungsprozesse „langsam, unberechenbar und verdeckt.“[60] Dies spiegelt deutlich die Halbherzigkeit poststalinistischer Justizkorrekturen wider, so der Historiker Andreas Hilger.[61] Die Staatsanwaltschaft lehnte es oftmals ab, komplizierte oder politische Fälle zu überprüfen, um einen potentiellen Konflikt mit der Führung zu vermeiden. Darüber hinaus schreckte die Bevölkerung selbst davor zurück, eine Überprüfung ihrer Fälle zu beantragen, da der Rehabilitationsprozess an sich nie transparent gemacht wurde und somit die Folgen der Antragstellung auf Rehabilitierung unklar blieben. Der zögerliche Umgang mit Rehabilitierungen lag im Wesentlichen darin, dass sie, anders als Amnesien, das Eingestehen eines begangenen Fehlers durch die Elite implizierten.[62] Daneben blieben die Gründe für die ursprüngliche Festnahme sowie die Kriterien für die Rehabilitierungen subjektiv und unbekannt. Für die ehemalige Parteielite spielten weiterhin hochrangige Verbündete bei der Entscheidung, wem eine öffentliche Rehabilitierung zu Teil wurde, eine wichtige Rolle. Weiterhin veröffentlichte die Regierung nur wenige Normen hinsichtlich der Rehabilitation. Einzelpersonen hatten keine Informationsquellen darüber, wie sie vorgehen sollten oder welche Rechte sie haben könnten.[63] Widersprüche und Zurückhaltung prägten auch die Maßnahmen zur Auflösung der sowjetischen Zwangsarbeitslager und der darauffolgenden gesellschaftlichen Reintegration der freigelassenen Häftlinge.[64] Gewährte doch die Regierung den Überlebenden der Repressionen oder ihren Familien lediglich Unterstützung bei der Unterbringung oder begrenzte finanzielle Entschädigung.[65]

Hervorzuheben sind, in Anlehnung an den Historiker Stephan Merl, die entscheidenden Umstände, welche letztlich die Erarbeitung eines tragfähigen Reformkonzeptes nach Stalins Tod verhinderten. Zum einen waren die beteiligten Akteure bei Stalins Tod als Angehörige der Sowjetführung selbst in den Stalinistischen Terror verstrickt gewesen. Zum anderen erhoffte sich die überwiegende Mehrheit der Bevölkerung von einer Änderung des Systems eher die

59 Vgl. Fieseler: „Ende des Gulag-Systems?“. 2014, S. 171.

60 Kathleen E. Smith: Remembering Stalin's Victims. Popular Memory at the End of USSR. Ithaca and London, 1996, S. 133.

61 Vgl. Hilger: „Grenzen der Entstalinisierung“. 2008, S. 263.

62 Vgl. Smith: Remembering Stalin's Victims. 1996, S. 132f.

63 Vgl. ebd., S. 140.

64 Vgl. Fieseler: „Ende des Gulag-Systems?“. 2014, S. 170.

65 Vgl. Smith: Remembering Stalin's Victims. 1996, S. 135f. und S. 138.

Erfüllung ihrer Konsumwünsche als die Gewährung politischer Freiheit oder gar die Aufarbeitung der Verbrechen des Regimes. Folglich stieg die Durchsetzungsfähigkeit der eher reformfeindlichen Kreise in den bürokratischen Apparaten von Partei, Staat und Wirtschaft.[66]

Bemerkenswert ist, dass von einem allumfassenden Ende politisch motivierter Repressionen und Verfolgungen trotz der Entstalinisierung keine Rede sein konnte. Entlassungen und Rehabilitierungen zielten vielmehr auf eine Macht- und Systemstabilisierung ab, die weiterhin kaum Raum für politisch-gesellschaftliche Freiheiten oder rechtsstaatliche Überlegungen ließen.[67] So existierten Arbeitslager und die Geheimpolizei weiterhin – politische Verhaftungen waren nun jedoch aufgrund kalkulierbarer Gründe weniger bedrohlich geworden.[68] Darüber hinaus begrenzten sich die Rehabilitierungen unter Chruščëv auf Fälle ab Mitte der 1930er Jahre, „to avoid any discussion of legality and the legitimation of Lenin's late heirs or of the socialist structure of the brutally collectivized and industrialized state".[69] Zwischen 1953 und 1960 konnten somit 715.120 Opfer des staatlichen Terrors rehabilitiert werden.[70]

Das Grundparadox der Rehabilitierungen lag letztendlich darin, dass dieselben Personen, die die Repressionen ausgeübt hatten und für den Terror verantwortlich waren, zwei Jahrzehnte später die Rehabilitierungen durchführten. So führten doch gerade diese personellen Kontinuitäten dazu, dass die Täter:innen kaum vor Gericht gestellt wurden.[71] Darüber hinaus blieben stalinistische Instrumente wie die Sicherheits- und Geheimpolizei der UdSSR auch während der Entstalinisierung und im Wesentlichen auch nach Chruščëv erhalten, sodass

---

66 Vgl. Stephan Merl: „Berija und Chruščev. Entstalinisierung oder Systemerhalt? Zum Grunddilemma sowjetischer Politik nach Stalins Tod", in: *Geschichte in Wissenschaft und Unterricht* 52 (2001), S. 484–506, hier: S. 486.

67 Vgl. Hilger: „Grenzen der Entstalinisierung". 2008, S. 272.

68 Vgl. Neutatz: „Taking Stock of the Khrushchev Era". 2014, S. 260.

69 Andreas Hilger: „Limited rehabilitation? Historical observations on the legal rehabilitation of foreign citizens in today's Russia", in: Manfred Berg und Bernd Schäfer (Hrsg.): *Historical justice in international perspective. How societies are trying to right the wrongs of the* past. Cambridge 2009, S. 165–186, hier: S. 172.

70 Vgl. Dobson: Khrushchev's cold summer. 2009, S. 5. Aus der hierfür von Miriam Dobson herangezogenen Akte des Russischen Staatsarchivs geht jedoch nicht hervor, wie viele der Rehabilitierungen posthum erfolgten.

71 Vgl. Miriam Dobson: „Afterword: Stalinist Rehabilitations in a Pan-European Perspective", in: K. McDermott und M. Stibbe (Hrsg.): *De-Stalinising Eastern Europe*. London 2015, S. 237–245, hier: S. 241.

deutliche sicherheitsdienstliche Kontinuitäten festzustellen sind.[72] Insofern gilt die unter Stalins Nachfolgern stattfindende Transformation der Staatssicherheitsorgane „aus einem Werkzeug des Massenterrors“ hin zu einem „Instrument der Aufrechterhaltung des Machtsystems der Partei- und Staats-‚Nomenklatura‘“.[73]

Der Historiker Nikita Petrov machte es sich zur Aufgabe, der Täterfrage im Stalinismus nachzugehen und publizierte gemeinsam mit Memorial im Jahr 1999 ein biographisches Nachschlagewerk zu führenden NKVD-Mitarbeitern der Jahre 1934 bis 1941. Nach Angaben Petrovs wurden von den bis 1941 dienenden 182 führenden NKVD-Angehörigen in den Jahren 1953 bis 1959 lediglich 20 Personen verurteilt. Diese Verurteilungen seien dabei jedoch rein politischer Natur gewesen. Die Bestrafung der Verantwortlichen für die staatlichen Repressionen sei weder in den 1950er Jahren erfolgt noch werde sie heutzutage eingeleitet, so Petrov.[74]

2.3. Perestrojka und Rehabilitierungen

Mit der Perestrojka unter Michail Gorbačëv, die mit dem 27. Parteitag der KPdSU 1986 begonnen hatte, eröffnete sich eine neue Phase vertiefter Analyse und offener kritischer Auseinandersetzungen mit den Repressionen der Stalinzeit. Die innere Entstalinisierung des Systems war bereits unter Chruščëv in eine Sackgasse geraten, aus der sie sich nun, über ein Vierteljahrhundert später, „mühevoll und höchst unvollständig“ befreien sollte.[75] Mit Gorbačëvs Amtszeit ist die größte Rehabilitierungswelle verbunden, die wie andere Vorgänge in der Perestrojka eine erstarkende Eigendynamik entwickelte. Um den Rehabilitierungsvorgang zu steuern, wurde eine Kommission unter der sperrigen Bezeichnung „Kommission beim Politbüro des ZK der KPdSU zum ergänzenden Studium des Materials, das im Zusammenhang mit den Repressionen der dreißiger, vierziger und zum Beginn der fünfziger Jahre steht“ einberufen. Die Arbeit des Gremiums ähnelte den Kommissionen unter Chruščëv. So stand ihr beispielsweise das Material dieser Vorgängerorgane aus dem Jahr 1955 zur Verfügung. Obschon die Kommission umfänglicher vorging als jene von 1955, war

72 Vgl. Hilger: „Grenzen der Entstalinisierung“. 2008, S. 264.

73 Sergej Slutsch: „Macht und Terror in der Sowjetunion“, in: Volkhard Knigge und Norbert Frei (Hrsg.): *Verbrechen erinnern. Die Auseinandersetzung mit Holocaust und Völkermord*. München 2002, S. 111–124, hier: S. 120.

74 Vgl. N. V. Petrov und K. V. Skorkin: Kto rukovodil NKVD, 1934–1941. Spravočnik. Moskva 1999, S. 501f.

75 Vgl. Hilger: „Grenzen der Entstalinisierung“. 2008, S. 264.

auch ihre Tätigkeit selektiv – „von der Partei initiiert und kontrolliert, blieb die Arbeit [...] im Wesentlichen auf bekanntere und wenig bekannte Parteimitglieder beschränkt."[76] Bezeichnenderweise verblieb die Untersuchung der Repressionen im Aufgabenbereich der Partei und nicht der Regierung oder gar einem unabhängigen Komitee. Gleichzeitig verfügte die Kommission über ein Monopol, was den Zugang zu Archivquellen betraf, weshalb die Parteiarchive für Wissenschaftler:innen weiterhin geschlossen blieben. Die öffentliche Rehabilitierung prominenter Persönlichkeiten schürte Forderungen aus der Gesellschaft nach Rehabilitierungen ihrer Verwandten oder gar ihrer selbst.[77] Davon zeugen auch drei Verfügungen des Politbüros des ZK aus den Jahren 1988 bis 1990, die, bedingt durch den zivilgesellschaftlichen Druck, die Opfer der stalinistischen Verfolgungen explizit in die Rehabilitierungen miteinbezogen. Darin sollten alle Staatsbürger:innen, die durch *Trojkas* und Sonderräte abgeurteilt worden waren, als rehabilitiert angesehen werden. Wichtig ist, dass Personen, die unmittelbar an den Repressionen beteiligt waren, nicht miteingeschlossen wurden.[78]

Unter Gorbačëv kam es zu einer grundsätzlichen Untersuchung der Stalin-Ära und des Großen Terrors. Daraus resultierte eine öffentliche Diskussion über die vergangenen Jahrzehnte. So hinterfragte etwa die sowjetische Presse erstmals Stalins Rolle im Großen Vaterländischen Krieg.[79] Gorbačëvs Linie unterschied jedoch deutlich zwischen der leninschen Gründung der UdSSR und den darauffolgenden stalinistischen „Verformungen" beziehungsweise „Verfälschungen" des Leninismus. So lag es offenkundig nicht im Interesse Gorbačëvs, die gesamte Geschichte der Sowjetunion – vor allem die Rolle des Gründungsvaters Vladimir Lenin – einer grundsätzlichen kritischen Neubewertung zu unterziehen.[80]

76 Carola Tischler: „,Den guten Namen wiederherstellen'. Über die Rehabilitierung von Stalin-Opfern in der Sowjetunion", in: *Jahrbuch für Historische Kommunismusforschung* 1993, S. 118–125, hier: S. 122f.

77 Vgl. Smith: Remembering Stalin's Victims. 1996, S. 141.

78 Ausgenommen von dieser Regelung wurden zudem Vaterlandsverräter, Angehörige von Strafkommandos des Zweiten Weltkrieges, Naziverbrecher, Teilnehmer nationalistischer Banden, Personen, die vorsätzlichen Mord oder andere Verbrechen verübt hatten. Vgl. Tischler: „,Den guten Namen wiederherstellen'". 1993, S. 122f.

79 Vgl. Olga Kurilo: „Wandel in der Erinnerungslandschaft im heutigen Russland. Zwischen sowjetischem und postsowjetischem Denken, in: Lars Karl und Igor Polianski, (Hrsg.): *Geschichtspolitik und Erinnerungskultur im neuen Russland*. Göttingen 2009, S. 141–164, hier: S. 145.

80 Vgl. Hilger: „Limited rehabilitation?". 2009, S. 175.

Das Gesetz „Über die Rehabilitierung von Opfern politischer Repressionen“ wurde zwar noch vom Obersten Sowjet im Juli 1991 gebilligt, trat aber erst nach dem Zerfall der Sowjetunion unter der Amtszeit des ersten russischen Präsidenten, Boris El'cin, am 18. Oktober 1991 in Kraft. Der Einfluss der russischen Menschenrechtsbewegung, insbesondere der erst zwei Jahre zuvor gegründeten Organisation Memorial, ist für die Ausarbeitung des Gesetzes nicht zu vernachlässigen. Mit diesem offiziellen Dokument wurde erstmalig der Anspruch festgehalten, alle Menschen, die aus politischen Motiven unterdrückt worden waren zu rehabilitieren und die negativen Konsequenzen der erlittenen Willkür auszuräumen. In der Präambel heißt es:

> Ziel dieses Gesetzes ist es, alle Opfer politischer Repressionen, die ab dem 25. Oktober (7. November 1917) auf dem Territorium der Russischen Föderation solchen ausgesetzt waren, zu rehabilitieren, sie wieder in das zivile Leben zu versetzen, andere Folgen der Willkür zu beseitigen und eine derzeit mögliche Entschädigung für materielle Schäden sicherzustellen.[81]

Bedeutend an dieser Formulierung ist vor allem der Hinweis auf die seit dem 25. Oktober bzw. 7. November 1917 beginnenden Repressionen – also mit der Oktoberrevolution der Bolschewiki. Darüber hinaus werden explizit die Kinder von politisch repressierten Bürger:innen davon erfasst.[82] Diesem Gesetz zufolge ist für die persönliche Rehabilitierung der aus politischen Gründen strafrechtlich verfolgten Bürger:innen die russische Staatsanwaltschaft zuständig. Diese ist de facto dazu verpflichtet, auch ohne eine explizite Antragsstellung, alle diejenigen Akten zu politischen Verbrechen (vor allem konterrevolutionäre Verbrechen nach Artikel 58) zu prüfen, bei denen die gerichtlichen beziehungsweise außergerichtlichen Beschlüsse nicht aufgehoben worden sind. So wurde seit Inkrafttreten des Gesetzes bis Juni 2002 bei 632.000 „unbegründet repressierten russischen und ausländischen Bürgern [...] der ehrliche Name wiederhergestellt.“[83]

Trotz der dargestellten bedeutsamen Maßnahmen für die Rehabilitierung der Opfer Stalinistischer Repressionen ist auch unter Gorbačëv eine institutionelle Kontinuität der repressierenden und rehabilitierenden Organe festzustellen,

81 Rossijskaja Federacija: „‚Zakon. O reabilitacii žertv političeskich repressij‘. Zakon RF ot 18 oktjabr 1991 goda, No 1761-1 (s izmenijami i dopolenijami, imejuščimsja na 10.09.2004)“, in: *Krasnojarskoe obščestvo* ‚Memorial‘. Verfügbar unter: https://memorial.krsk.ru/zakon/17612004.htm (abgerufen am 19.08.2020).

82 Vgl. ebd.

83 Kopalin: „Zur Rehabilitierung deutscher Staatsbürger, die von sowjetischen Organen aus politischen Motiven repressiert wurden“. 2004, S. 184f.

die letztlich darin zum Ausdruck kommt, dass die ausführenden Behörden der Repressionen und damit deren Initiatoren nicht verurteilt wurden. Zwar sollte im Moskauer Prozess 1992 die Kommunistische Partei als kriminelle Körperschaft eingestuft werden, dies scheiterte jedoch an der paradoxen Argumentation, dass die Kommunist:innen am stärksten unter den Repressionen gelitten hätten und deren Organisation somit nicht für diese Verbrechen belangt werden könnte.[84] Dementsprechend existieren keine rechtlichen Entscheidungen und es gibt keine Gerichtsverfahren gegen Ausführende des Stalinistischen Terrors im „neuen Russland".[85]

Die politischen Repressionen unter Stalin wurden von zentraler staatlicher Stelle eingeleitet und durchgeführt. Sie betrafen nicht nur, wie lange Zeit angenommen, die sowjetische Elite und Parteikader, sondern die gesamte Bevölkerung. Die Komplexität des politischen Terrors liegt in einer Täter-Opfervermischung. So wurden viele, die selbst Verhaftungen, Verurteilungen und gar Exekutionen durchgeführt hatten, später zu Opfern des Systems. Exemplarisch können hier die NKVD-Kommissare Genrich Jagoda oder Nikolaj Ežov genannt werden, die nicht verurteilt und hingerichtet wurden, weil sie Ausführende des Terrors waren, sondern weil sie später als „Volksfeinde" diffamiert wurden.

Die mit dem Tauwetter verbundene erste große Rehabilitierungswelle unter Nikita Chruščëv in den 1950er Jahren erfolgte pragmatisch, undurchsichtig und unvollständig. Das Dilemma der Rehabilitierungen lag im Wesentlichen darin, dass personelle und institutionelle Kontinuitäten von der Stalinzeit bis in die Entstalinisierungsperiode und darüber hinaus existierten. Chruščëv selbst war in den Terror verwickelt gewesen, bis er knapp 20 Jahre später mit dem Personenkult um Stalin brach und den politischen Terror weitestgehend beendete.

Das veränderte politische Klima der Glasnost und Perestrojka unter Michail Gorbačëv leitete die zweite umfassende Rehabilitierungswelle in der Sowjetunion ein. Die dabei eingesetzten Kommissionen griffen die Arbeit jener Behörden aus der Chruščëv-Zeit auf und gingen umfangreicher vor. Dennoch blieben auch in dieser Periode politische Erwägungen maßgeblich für den Rehabilitierungsprozess. So fehlte es in den 1980er und 1990er Jahren an einer rechtlichen Untersuchung der Stalin-Zeit und der Verurteilung ihrer Täter:innen.

84 Vgl. Ektind: Warped Mourning. 2004, S. 8.

85 Roginsky: „The Embrace of Stalinism", in: *openDemocracy*, 16. Dezember 2008.

3. Eine gedächtniskulturelle Annäherung

Innerhalb der Kulturwissenschaften wurde häufig eine Gedächtniskonjunktur, ein „memory boom",[86] konstatiert. Zugänge und Konzepte zur Gedächtnisforschung scheinen inzwischen unüberschaubar zu sein. Ausgehend vom etablierten Feld der Holocaust-Erinnerung wandte sich die Forschung spätestens seit dem Zerfall der Sowjetunion den östlichen Staaten Europas zu. Arbeiten zum Erinnern und Gedenken an die sowjetische Repressionsmaschinerie, insbesondere zum GULag, geben Einblicke in eine zerklüftete, sich entwickelnde russische Erinnerungslandschaft. Das Projekt Poslednij Adres steht dabei beispielhaft für eine fluktuierende russische Erinnerungskultur. In diesem Kapitel wird mithilfe verschiedener theoretischer Zugriffsmöglichkeiten Poslednij Adres in der Erinnerungskultur verortet, um das Projekt les- und verstehbar zu machen.

Einflussreich für viele Arbeiten zum Gedächtnis und Erinnern sind die Überlegungen des Soziologen und Philosophen Maurice Halbwachs (1877–1945), dessen Werk ein kanonisches Wissensreservoir bereithält. Halbwachs konzentrierte sich auf die soziale Bedingtheit der Erinnerung und deren Entstehung durch Kommunikation und Interaktion innerhalb von Gruppen.[87] Er gilt als Begründer des Konzeptes des kollektiven Gedächtnisses, dessen Kern die Sozialität des Erinnerns bildet:

> Der einzelne ruft seine Erinnerungen mit Hilfe der Bezugsrahmen des sozialen Gedächtnisses herauf. Mit anderen Worten, die verschiedenen Gruppen, in die die Gesellschaft zerfällt, sind in jedem Augenblick in der Lage, ihre Vergangenheit zu rekonstruieren.[88]

---

86 Jay Winter: Remembering War. The Great War between Memory and History in the 20th Century. New Haven und London 2006, S. 276.

87 Maurice Halbwachs veröffentlichte 1925 sein Grundlagenwerk *„Les cadres sociaux de la mémoire"*. Mit der These der sozialen Bedingtheit des Erinnerns wandte er sich gegen die Gedächtnistheorien seiner Zeitgenossen wie Henri Bergson oder Sigmund Freud, die Erinnern als einen rein individuellen Vorgang verstanden. Kritik an einer „unzulässigen Kollektivierung individualpsychologischer Phänomene" äußerte unter anderem Marc Bloch. Darauf bezugnehmend arbeitete Halbwachs an einer zweiten Schrift, *„La mémoire collective"*, die jedoch erst 1950 posthum erschien. Maurice Halbwachs wurde 1944 von der Gestapo ermordet. Vgl. Astrid Erll: Kollektives Gedächtnis und Erinnerungskulturen. Eine Einführung. Stuttgart 2017, S. 11f.

88 Maurice Halbwachs: Das Gedächtnis und seine sozialen Bedingungen. 1985, S. 381.

Halbwachs betont das verbindende Moment des Erinnerns innerhalb einer Gesellschaft. Denn diese neige dazu, aus ihrem Gedächtnis auszuschalten, was die Einzelnen voneinander trenne. Mehr noch: Sie manipuliere die Erinnerung in jeder Epoche, um sie mit den veränderlichen Bedingungen ihres Gleichgewichts in Übereinstimmung zu bringen.[89] Mit Blick auf die russische Erinnerungskultur lässt sich hiernach ableiten, dass kein gesellschaftlich umfassendes kollektives Gedächtnis existiert, in dem die Repressionserfahrungen fest verankert sind. Die unterdrückten Erfahrungen und Erinnerungen wurden dagegen im familiären sozialen Rahmen unverändert konserviert und reproduziert. Diese Erinnerung wurde spätestens ab den Perestrojka-Jahren in den 1980ern artikuliert, als mit der NGO Memorial familiäre Erinnerungen gebündelt und in die Öffentlichkeit getragen wurden. Auch Poslednij Adres kann in diesem Sinne als Katalysator und Produzent eines gruppenspezifischen kollektiven Gedächtnisses verstanden werden.

Ein dynamischeres Verständnis des kollektiven Gedächtnisses bietet der Soziologe Jeffrey Olick. Er versteht das kollektive Gedächtnis als einen unter Mitwirkung unterschiedlicher Akteure sich verändernden und fortlaufenden Prozess der Bedeutungsbildung. Damit wendet er sich explizit gegen ein monolithisches, dauerhaftes, buchstäblich in Stein gemeißeltes Verständnis des kollektiven Gedächtnisses und hebt dessen Dynamik hervor.[90] Menschen erinnern und gedenken allein oder in Gruppen. Olick plädiert deshalb dafür, sich auf „mnemonische Praktiken" zu beziehen, anstatt „das kollektive Gedächtnis" als – nach dem Soziologen Émile Durkheim – „sozialen Tatbestand sui generis" zu begreifen.[91]

Wie bereits angeklungen, bilden die Holocaust-Forschung sowie die Erinnerung an nationalsozialistische Verbrechen den Ausgangspunkt für eine Vielzahl der Arbeiten zum Gedächtnis und dessen Kultur. Erst in einem zweiten Schritt wurden Überlegungen angestellt, dieses theoretische Fundament auf andere Menschheitsverbrechen anzuwenden.[92] Im Zentrum steht dabei oftmals die

89 Vgl. ebd. S. 382.

90 Vgl. Jeffrey K. Olick: The Politics of Regret. On Collective Memory and Historical Responsibility. New York 2007, S. 91.

91 Vgl. Jeffery K. Olick: States of Memory. Continuities, Conflicts, and Transformations in National Retrospection. Durham und London 2003, S. 6.

92 Noch einen Schritt weiter geht etwa Michael Rothberg in seinem „*Multidirectional Memory*" aus dem Jahr 2009. Hierin unternimmt der Autor den Versuch, nach der Transnationalität und Multidirektionalität von Erinnerungskultur zu fragen. Im Kern seiner Überlegungen steht dabei der Vorschlag, die weltweite Erinnerung an den Holocaust nicht als exklusivierend zu begreifen, sondern als Möglichkeit, den Blick auf die

These, dass eine europäische Erinnerung, die zur Verhinderung gegenwärtiger Konflikte beitragen könne, erst dann wirksam werde, wenn aller Verbrechen angemessen gedacht werde.[93] Auch die Erinnerung an die sowjetischen beziehungsweise stalinistischen Verbrechen ist dabei Teil dieser europäischen Erinnerung. Ein wichtiger Autor, der die Evolution und Analyse der sowjetischen und russischen Erinnerung an die staatlichen Verbrechen fassbar macht, ist Alexander Etkind. In „Warped Mourning" charakterisiert er diese Erinnerungslandschaft als „gekrümmt", da sie zu keinem Zeitpunkt ausreichend Artikulation erfahren habe: „In the post-Soviet economy of memory, where the losses are massive and the monuments in short supply, the dead return as the undead."[94]

Die Vorstellung des wiederkehrenden Gespenstes aus der nicht verarbeiteten Vergangenheit, das unversehens auftaucht und sodann wieder verschwindet, findet sich auch beim Historiker und Philosophen Paul Ricœur – „es ist eine Vergangenheit, die noch der Gegenwart innewohnt, oder sogar wie ein Gespenst in ihr spukt."[95] Ähnlich wie Ektind diagnostiziert der Historiker und Memorial-Mitbegründer Arsenij Roginskij in Russland eine „fragmentierte Erinnerung", ein Gedenken an die stalinistischen Verbrechen, das an den Rand des kollektiven Bewusstseins gedrängt worden sei.[96]

Dieser verdrängten Repressionserfahrung im kollektiven russischen Gedächtnis wirkt Poslednij Adres entgegen. Insbesondere das öffentliche Erinnern aus den Reihen der Zivilgesellschaft wird in der westlichen Gedächtnisforschung vornehmlich als „Gegengedächtnis"[97] klassifiziert. Zuzanna Bogumil hält einen Ansatz dafür bereit, welchen Platz im Gedächtnis die Erinnerungsinhalte dieser marginalisierten Gruppen einnehmen könnten. Mit Blick auf die Assmannsche

---

Gemeinsamkeiten verschiedener Opfergeschichten zu richten, etwa am Beispiel des kolonialen Erbes. Mit dem Anspruch, Ereignisse der weltweiten Gewaltgeschichte nicht zu relativieren, soll also das Ereignete zusammengedacht werden, um Differenzen und Bezüge herzustellen und gleichzeitig einer Konkurrenz des Gedenkens entgegenzuwirken.

93 Vgl. Aleida Assmann: Der europäische Traum. Vier Lehren aus der Geschichte, München 2020.

94 Alexander Etkind: Warped Mourning Stories of the Undead in the Land of the Unburied, Stanford 2013, S. 211.

95 Paul Ricœur: Das Rätsel der Vergangenheit. Erinnern – Vergessen – Verzeihen, Essen 1998. S.113f.

96 Vgl. Arsenij Roginskij: „Fragmentierte Erinnerung. Stalin und der Stalinismus im heutigen Russland", in: *Osteuropa*, 67, 11-12 (2017), S. 81–88.

97 Aleida Assmann: Formen des Vergessens, Bonn 2018, S. 96.

Theorie des kulturellen Gedächtnisses kritisiert Bogumil, Assmann halte keine Erklärung dafür bereit, welcher Platz im kulturellen Gedächtnis durch die Erinnerung marginalisierter Gruppen sowie durch das gewaltsam in Vergessenheit geratene Gedächtnis eingenommen werde. Sie konstatiert: „Gulag memory formation cannot be understood without examining the actions of marginalized groups […].“[98] Auch die Literaturwissenschaftlerin Marianne Hirsch kritisiert, dass die typologischen Unterscheidungen von Jan und Aleida Assmann nicht jene Brüche miteinbezögen, die durch kollektive historische Traumata, durch Krieg, den Holocaust, Exilerfahrungen und Flucht verursacht wurden. Diese Brüche, so Hirsch, würden einen negativen Einfluss auf die Übertragungsschemata ausüben und daher sowohl das kommunikative als auch das institutionalisierte kulturelle Gedächtnis beeinträchtigen.[99]

Die Erinnerungsgemeinschaft der Opfer, also die Gegenerinnerung, sei auf eine gesellschaftliche Umwelt angewiesen, die dazu bereit sei, ihr Zeugnis anzuerkennen und ihm mit Empathie zu begegnen, so Aleida Assmann. Dieses historische und moralische Gewicht erhebe einen Anspruch auf Übernahme durch diejenigen, die solche Erfahrungen nicht gemacht hätten. Demnach habe sich die Last der persönlichen Erinnerung der Zeitzeug:innen in ein verpflichtendes Zeugnis für die Mit- und Nachwelt entwickelt. Die Notwendigkeit, Zeugnisse der Erinnerungsgemeinschaft der Opfer anzunehmen, resultiere bereits aus der Tatsache, dass negative Erinnerungen die Last der Vergangenheit in die Zukunft verlängern und somit immer wieder zu neuem Explosionsstoff führen könnten.[100]

Diese „Last der Vergangenheit“ ist gleichsam Dreh- und Angelpunkt des Ansatzes der „postmemory“ von Marianne Hirsch. Diese an Nachkommen von Überlebenden des Holocausts entwickelte Theorie zielt darauf ab, die Beziehung zu ergründen, welche die „generation after“ zum persönlichen, kollektiven und kulturellen Trauma ihrer Vorfahren hat. Die existentiell negativen Erinnerungen der Eltern und Großeltern – Erfahrungen, an die sich die „generation of postmemory“ nur anhand der Geschichten, Bilder und Verhaltensweisen der Vorfahren erinnern – wurden demzufolge so tief und affektiv übermittelt, dass sie als eigenständige Erinnerungen erscheinen.[101] Das transgenerationale Trauma

98 Vgl. Bogumil: Gulag Memories. 2018, S. 4–5.

99 Vgl. Mariann Hirsch: The Generation of Postmemory. Writing and Visual Culture After the Holocaust. New York 2012, S. 33.

100 Vgl. Aleida Assmann: „Die Last der Vergangenheit“. 2007, S. 378 und S. 381.

101 Vgl. Marianne Hirsch „The Generation of Postmemory“, in: *Poetics Today* 29, 1 (2008), S. 103–128.

wird folglich intersubjektiv übermittelt. In dieser „generation of postmemory" könnten durch spezifische „postmemorial work" neben den Nachkommen auch indirekte Teilnehmer:innen involviert werden, deren Verwandte selbst keine traumatischen Erfahrungen gemacht haben.[102] Daran anknüpfend ließe sich mit Etkind festhalten, dass die Erfahrungen des Terrors die erste Generation von Nachkommen traumatisieren, während deren Kinder – die Enkelkinder der Opfer, der Täter:innen sowie der Zuschauer:innen – die Trauerarbeit für ihre Großeltern produzieren: „Mass graves for the generation of terror, trauma for the first postcatastrophic generation, and mourning for the second." Auch hier: Werde das erfahrene Leid nicht erinnert, bestehe die Gefahr, dass es sich in der Zukunft wiederhole.[103] Etkind plädiert dabei, unter dem Rückgriff auf das Freudsche Verständnis von Trauer und Melancholie, dafür, sich den Erinnerungen an den Terror mithilfe des Begriffes der Trauer zu nähern, anstatt des Traumas. Mit Blick auf das „postmemory"-Konzept Hirschs sei es dienlicher, postmemory als einen Wirkraum von Trauer zu verstehen, da die transgenerationale Weitergabe mit einer subtilen psychologischen Dynamik verbunden und damit konzeptuell komplexer und empirisch weniger nachweisbar sei.[104]

Das von Poslednij Adres praktizierte Gedenken speist sich gleichsam aus vielen individuellen Erinnerungen. Die Akteur:innen der Poslednij Adres, die familiäre Verluste aufgrund der politischen Repressionen zu beklagen haben, können der „generation of postmemory" zugeordnet werden. Es sind jene Personen, deren Eltern, Großeltern und Vorfahren als Volksfeinde, Verräter und Spione diffamiert worden sind – es sind die „Kinder von Volksfeinden".

Einer Notwendigkeit des Erinnerns begegnet das Kommemorationsprojekt Poslednij Adres, indem es gleichzeitig Raum für individuelle und familiäre Trauerarbeit bietet. In Russland existiert kein umfassendes, institutionalisiertes kollektives Gedächtnis, das die staatlichen Repressionen einschließen könnte. Dennoch sind die negativen, durchaus traumatischen, Erinnerungen an den Stalinismus in der russischen Gesellschaft tief verankert, da es kaum eine Familie gibt, die kein Repressionsopfer benennen könnte. Durch das Projekt und seine Edelstahltäfelchen werden diese traumatischen Erinnerungsinhalte reaktualisiert und öffentlich verbreitet. Dennoch, dies sei hier hervorgehoben, sollen die Geister der Vergangenheit, um die Worte Ricœurs und Etkinds aufzugreifen, nicht vertrieben werden. Ganz im Gegenteil, die heutigen Generationen

102 Vgl. Marianne Hirsch: The Generation of Postmemory. 2012, S. 33.
103 Vgl. Ektind: Warped Mourning. 2004, S. 3 und S. 16f.
104 Vgl. ebd. S. 14.

in Russland sollen lernen, mit den Gespenstern, mit den Toten des vorherigen Jahrhunderts zu leben. Und dies geschieht durch Poslednij Adres alltäglich – auf dem Weg zur Arbeit, zum Einkaufen, auf dem Weg nach Hause. Es geht hier also nicht um eine Umdeutung der Vergangenheit, sondern um die Änderung gegenwärtiger Lebenspraktiken. Mit einem Blick auf die neuesten repressiven Entwicklungen in Russland im Kontext des Krieges in der Ukraine scheint diese Feststellung umso relevanter, ähneln doch aktuelle Repressionsmaßnahmen jenen der 1930er Jahre auf erschreckende Weise.

4. Genese, Protagonist:innen, Realisation

Im Dezember 2013 rief ein Kollektiv aus Bürgeraktivist:innen, Journalist:innen, Schriftsteller:innen, Historiker:innen, Architekt:innen und Künstler:innen das Projekt Poslednij Adres ins Leben. Unter dem Grundprinzip „Ein Name, ein Leben, ein Zeichen" soll die Erinnerung an all jene wachgehalten werden, die während der Sowjetzeit Opfer politischer Repressionen und staatlicher Willkür geworden sind.[105] Unter dem Zeitraum der politischen Repressionen in der Sowjetunion wird dabei der zeitliche Rahmen von der Oktoberrevolution 1917 bis zum Ende der Sowjetunion 1991 verstanden.[106] Die Hauptaufgabe des Projektes liegt in der Anbringung persönlicher Gedenkschilder an den Fassaden von Häusern, deren Adressen die letzten der Opfer der Repressionen darstellen.

Jedes dieser Gedenkschilder misst in etwa die Größe einer Postkarte und ist jeweils einer Person gewidmet. Das erste Schild wurde in Moskau am 10. Dezember 2014, dem offiziellen Tag der Menschenrechte in Russland, angeschraubt. Inzwischen existieren mehr als 1000 Gedenktafeln in über 50 Städten und Dörfern Russlands. Obgleich das Gros der Gedenktäfelchen in den Hauptstädten Moskau und Sankt Petersburg anzutreffen ist, gründeten sich auch in kleineren russischen Städten Poslednij Adres-Initiativgruppen. Etwa in Vladimir, Kaluga, Irkutsk, Krasnodar, Samara oder der Republik Altai. Auch in den Großstädten Ekaterinburg, Tomsk und Perm ist das Projekt aktiv. Die Anbringung des Erinnerungszeichens kann von jeder Person aus der Gesellschaft heraus initiiert werden, die sodann die Kosten von etwa 4000 Rubel[107] zu tragen hat. Der Grundgedanke dabei ist, das Gedenken an alle Personen wachzuhalten, unabhängig von den Verdiensten einer Person. Wie schon der Titel des Projektes zu erkennen gibt, ist das Adressprinzip für die gesamte Initiative konstitutiv. Dies bedeutet, dass die letzte bekannte Adresse des zu erinnernden Opfers im Vordergrund steht, und so den Weg zum biographischen Werdegang der unterdrückten Person eröffnet. So ist es durchaus möglich, dass an einer Adresse mehrere Erinnerungstafeln für unterschiedliche Menschen, die vielleicht zu verschiedenen Zeitpunkten ums Leben kamen, angebracht werden. Die Adresse ist

---

105 Vgl. „Memorial'nyj proekt ‚Poslednij adres'", in: *Poslednij adres*. Verfügbar unter: https://www.poslednyadres.ru/about/ (abgerufen am 17.08.2020).

106 Vgl. Sergej Parchomenko: „‚Poslednij adres'. Vremja sobirat' kamni" [Interview], in: *Permskoe krajevoe otdelenie meždunarodnogo obščesvta ‚Memorial'*.

107 Ca. 67 Euro, Stand der Umrechnung Juni 2022.

dabei das verbindende Element, das in die Gegenwart tradiert wird, da sie, im Gegensatz zu den erinnerten Personen, weiterbesteht. Die unterdrückten, toten Personen kehren gewissermaßen an ihre letzten Adressen zurück; ihre Präsenz wird durch das Projekt und dessen Materialisierung in Form von Gedenktäfelchen geschaffen.

Nicht selten wohnen die zivilgesellschaftlichen Sponsor:innen sogar in demselben Haus wie jene Person(en), die in den 1930er Jahren Opfer der Repressionen wurde(n). Inzwischen haben sich weitere unabhängige Zweigstellen in anderen Ländern dem Projekt angeschlossen: in Georgien, Moldavien, in der Ukraine, in Tschechien und in Deutschland.[108] An dem Projekt Poslednij Adres sind verschiedene Akteur:innen beteiligt. Neben den ursprünglichen Initiator:innen, der Menschenrechtsorganisation Memorial sowie den Künstler:innen, die das Konzept und Design entworfen haben, sind es die Bürger:innen, die den Impuls zur Anbringung eines neuen Erinnerungsschildes geben. Darüber, ob ein Schild an einem Wohnhaus angebracht wird oder nicht, entscheiden letztlich vor allem die Bewohner:innen, die Eigentümer:innen des Hauses. Diese Personen nehmen als Akteur:innen des Gedenkens eine bedeutende Rolle für das Kommemorationsprojekt ein, da sie letztlich darüber entscheiden, ob ein Schild an der Fassade erfolgreich angebracht werden kann.

Inspiriert von dem deutschen Projekt der Stolpersteine des Künstlers Gunter Demnig wandte sich Sergej Parchomenko im Jahre 2013 an Memorial Moskau, um zumindest einem Teil der Opfer des Stalinismus ihre Namen und ihre Adresse zurückzugeben. Tatsächlich kam der Vorschlag nicht überraschend, betonte doch bereits im Jahre 2011 Jan Račinskij, Historiker und Vorsitzender der internationalen Memorial Gesellschaft in Moskau, dass er sich für Russland ein ähnliches Projekt wünsche:

> People who walk past these many times might not even think about them [Stolpersteine]. But those who encounter them the first time pay attention and immediately remember those to whom they are dedicated. This is, undoubtedly, a brilliant invention. It's hard to say whether this could be adapted to our circumstances.[109]

---

108 Vgl. „Memorial'nyj proekt ‚Poslednij adres'", in: *Poslednij adres.*

109 Aleksandr Borzenko und Sergei Bondarenko: „Jan Rachinsky. How the Past is Remembered in Russia: The Topography of Terror and Books of Memory", in: *Urok istorii XX*. Vek, 22. Dezember 2011. Verfügbar unter: https://urokiistorii.ru/article/2760 (abgerufen am 17.08.2020).

4.1. Die Rolle der NGO *Memorial*

Memorial ist eine der ältesten und zugleich bedeutendsten Nichtregierungsorganisationen Russlands. Über den in den letzten Jahren immer enger werdenden Aktionsradius der NGO, insbesondere seit der Registrierung von Memorial International als „ausländischer Agent" im Jahr 2016, wurde viel berichtet. Traurigen Höhepunkt der sich immer weiter verfestigenden staatlichen Kontrollübernahme geschichtspolitischer Deutungen und zivilgesellschaftlicher Bestrebungen stellt die „Liquidierung" von Memorial International sowie des Menschenrechtszentrums in Moskau am 5. April 2022 dar.[110]

Memorial entstand im Zuge von Glasnost und Perestrojka aus einer informellen Bewegung, die sich in der Sowjetunion gegen Ende der 1980er Jahre entwickelt hat. Im Juni 1987 stellte der Geologe Jurij Samodurov auf einer Sitzung des „Klubs sozialer Initiativen (Perestrojka)" ein nationales Projekt mit dem Namen *Pamjatnik* (dt. Denkmal) vor. Dieses Projekt griff den Vorschlag aus der Chruščëv-Zeit auf, den Opfern der Repressionen in der UdSSR ein Denkmal zu errichten. Explizit ging es dabei um ein Denkmal für die Opfer der Verletzung der sozialistischen Gesetzlichkeit, die von 1918 bis 1953 verfolgt worden waren. Hinzu kamen die Forderungen von Aktivist:innen nach der Errichtung eines gesamten Gedenkkomplexes, bestehend aus einem Museum, einem allgemein zugänglichen Archiv und einer Bibliothek.[111] Insofern bestand das Hauptanliegen der Akteur:innen von Beginn an darin, das Gedenken an die Opfer des Stalinterrors wachzuhalten.

Die zentralen Gründungsprinzipien betonten, dass es sich um eine Initiative aus der Mitte der Gesellschaft handelte getragen von der kritischen Intelligenz.[112]

---

110 Wie sich die Einstampfung der Dachorganisationen Memorials für die verbliebenen Zweigstellen in Russland und außerhalb auswirken wird, lässt sich zu diesem Zeitpunkt noch nicht sagen. Fest steht jedoch, dass die Auflösung frappierende Arbeitsbehinderungen der verbliebenen Zweigstellen sowie den Verlust von personellen Ressourcen und Infrastruktur impliziert. Zudem ist unklar, inwieweit das umfangreiche und für die Stalinismusforschung überaus bedeutsame Memorial-Archiv in Moskau gesichert werden kann. Vgl. Anna Schor-Tschudnowskaja: „Was bedeutet die Liquidierung von Teilen Memorials?", in: *bpp*, 01.03.2022. Verfügbar unter: https://www.bpb.de/themen/deutschlandarchiv/345507/was-bedeutet-die-liquidierung-von-teilen-memorials/ (abgerufen am 11.05.2022).

111 Vgl. Evgenija Lezina: „Memorial und seine Geschichte. Russlands historisches Gedächtnis", in: *Osteuropa* 64, 11–12 (2014), S. 165–176, hier: S. 167.

112 Der erste Vorstand bestand aus dem Historiker und Politiker Jurij Afanas'ev, dem Schriftsteller und Dichter Evgenij Evtušenko sowie dem Kernphysiker und Friedensnobelpreisträger Andrej Sacharov.

Indem sich die Organisation von Beginn an innerhalb des Rahmens des bestehenden sowjetischen Systems bewegte und sich auf Chruščëvs Entstalinisierungspolitik sowie die sowjetische Verfassung berief, griff sie die Strategie der sowjetischen Dissidenten- und Menschenrechtsbewegung auf.[113] Auf der Gründungskonferenz Memorials im Januar 1989 verfestigte die Organisation in ihrer Charta das Streben nach historischer Aufarbeitung und moralischen Prinzipien. Erster Vorsitzender wurde der angesehene Atomphysiker und Friedensnobelpreisträger Andrej Sacharov. Unter der Annahme, dass historische Aufarbeitung zu politischen Veränderungen führe, verurteilte Memorial Willkür und Gewalt als Mittel zur Bewältigung sozialer Probleme und Konflikte.[114]

Memorial entstand 1989 aus einem gesellschaftlichen Klima, das die von der sowjetischen Führung „jahrzehntelang verborgene [...] Wahrheit über die Vergangenheit" forderte und damit politisch aktive Menschen unterschiedlichen Alters sowie Dissident:innen, die erst aus den Lagern oder der Verbannung zurückgekehrt waren, vereinte.[115] So verkörpert die zivilgesellschaftliche Bewegung einen Wandel innerhalb der Gesellschaft, der in dieser Form bis zu diesem Zeitpunkt nicht existent war. Ebenso zeigt sich, dass informelle Bewegungen der späten 1980er Jahre zwischen „official resistance and occasional repression" agierten. Demnach stand es von Beginn an auf der Agenda, die Wahrung ihrer Unabhängigkeit mit der Entwicklung einer funktionierenden Beziehung zu den Behörden in Einklang zu bringen.[116] Obwohl sich die Aktivitäten Memorials auf einen kulturellen Wandel auswirkten, indem Memorial die Öffentlichkeit über die staatlichen Repressionen bildete und informierte, den Diskurs zwischen Fachleuten und Bürger:innen aufrechterhielt sowie eigene Formen und Rituale des Trauerns und Erinnerns entwickelte, blieb ihr Einfluss auf institutionelle Reformen aus.[117]

Wenngleich bei vielen Menschen in den chaotischen und durchaus als entbehrungsreich wahrgenommenen 1990er Jahren das Interesse an den Schattenseiten der sowjetischen Vergangenheit nachließ, zeigten sich die Memorial-Verbände

---

113 Vgl. Elke Fein: „Die Gesellschaft Memorial und die post-sowjetische Erinnerungskultur", in: Lars Karl und Igor J. Polianski (Hrsg.): *Geschichtspolitik und Erinnerungskultur im neuen Russland.* Göttingen 2009, S. 165–186, hier: S. 166f.

114 Vgl. zur Entstehungsgeschichte Memorials Nanci Adler: Victims of Soviet Terror. The Story of the Memorial Movement. Westport und London 1993, hier: S. 2–5.

115 Vgl. Irina Ščerbakova: „Memorial unter Druck. Techniken des repressiven Staates in Russland" in: *Osteuropa* 70, 3–4 (2020), hier: S. 216.

116 Vgl. Smith: Remembering Stalin's Victims. 1996, S. 105f.

117 Vgl. ebd. S. 172f.

weiterhin aktiv darin, die Erinnerung an die Opfer der Repressionen voranzutreiben. Sie errichteten Denkmäler, lokalisierten Massengräber von Erschossenen, erstellten eine Datenbank mit Kurzbiographien der Opfer und bauten Sammlungen, Archive und Museen auf.[118] Der Ursprung für die Entstehung von Organisationen wie Poslednij Adres, die sich das Gedenken der Opfer Stalins auf die Fahnen schreiben, ist somit in der Perestrojka-Zeit zu verorten.

Die Bedeutung der NGO Memorial für das Projekt Poslednij Adres liegt in der Sammlung und Bereitstellung der benötigten (biographischen) Quellen in Form einer online zugänglichen Datenbank. So erklärte Jan Račinskij, dass er in gewisser Weise ein „Vorfahre" der Poslednij Adres sei, da er bereits Anfang des Jahres 2000 eine Datenbank mit Informationen Unterdrückter zusammengetragen habe, nachdem er an Gedenkbüchern über den NKVD Hinrichtungsort *Kommunarka*[119] sowie über den Moskauer *Donskoi*-Friedhof, auf dem sich zahlreiche anonyme Massengräber des Stalinistischen Terrors befinden, gearbeitet habe. Hierfür waren die ehemaligen Wohnadressen der Verstorbenen herauszufinden.[120] Schon 1998 stellte sich Memorial die Aufgabe, auf der Grundlage von Gedächtnisbüchern eine öffentlich zugängliche Informationsquelle zu schaffen – die Datenbank *Žertvy političeskogo terrora c SSSR* (dt. Opfer des politischen Terrors in der UdSSR).[121] Darüber hinaus ist die aktive Unterstützung durch die Mitarbeit Memorials bei der Durchführung des Projektes von großer Bedeutung. Diese speist sich aus der inzwischen jahrzehntelangen Erfahrung der Organisation im Umgang mit staatlichen Behörden bei der Durchführung verschiedener Projekte. Außerdem übernimmt Memorial für Poslednij Adres, wenn nötig, tiefgehende Archivrecherchen; beispielsweise in Fällen, in denen sich der Name der Person, für die ein Gedenkschild installiert werden soll, nicht in der Datenbank Memorials auffinden lässt.[122]

---

118 Vgl. Ščerbakova: „Memorial unter Druck". 2020, S. 216.

119 Siehe Kapitel 6.4.

120 Vgl. Medvedev: „Vojny za pamjat'" [Interview mit Anna Narinskaja und Jan Račinskij], in: *Radio Svoboda*, 7. November 2018.

121 Die erste Datenbank als CD-ROM erschien im Jahr 2001, inzwischen ist sie mit über drei Millionen Einträgen online zugänglich. Die aktuelle Datenbank enthält nach Schätzungen Memorials jedoch nicht mehr als ein Viertel der Gesamtzahl der Opfer des politischen Terrors. Vgl. „Žertvy političeskogo terrora c SSSR", in: *Memorial*. Verfügbar unter: https://base.memo.ru/ (abgerufen am 21.08.2020).

122 Vgl. Parchomenko: „‚Poslednij adres'. Vremja sobirat' kamni" [Interview], in: *Permskoe krajevoe otdelenie meždunarodnogo obščesvta ‚Memorial'*.

Zwar existiert das Projekt Poslednij Adres als selbstständige Organisation, doch ist es gleichzeitig eng mit den Strukturen Memorials verwoben und profitiert von deren Erfahrungsschatz und aktiver Unterstützung. So ist ein wesentlicher Beitrag der Poslednij Adres zum zivilgesellschaftlichen Gedenken, die virtuelle Datenbank Memorials zu den Opfern der staatlichen Repressionen physisch zu manifestieren. Dies geht aus dem Selbstverständnis Sergej Parchomenkos hervor: „Daher sage ich, dass das Projekt eine bescheidene Aufgabe hat – die vorhandene Datenbank zu materialisieren.“[123]

4.2. Das initiierende Kollektiv

Der Journalist und Publizist Sergej Parchomenko gilt als Begründer des Projekts Poslednij Adres. 1964 in der sowjetischen Hauptstadt geboren, studierte Parchomenko Journalistik an der Moskauer Staatlichen Universität und arbeitete in den frühen 1990er Jahren als politischer Reporter und Kolumnist unter anderem für die *Nezavissimaja Gazeta*,[124] die damals eine der ersten unabhängigen Zeitungen war und als kritisches, vielversprechendes Sprachrohr Bekanntheit erlangte. Als einer der Autoren der Moskauer Charta der Journalisten[125] arbeitete er seit dem Jahre 2003 mit dem kommerziellen, aus der Perestrojka-Zeit stammenden Radiosender *Ėcho Moskvy* zusammen, der sich kontroversen sozialen und politischen Themen widmet. Trotz der teilweise erfolgten Übernahme des Radiosenders Anfang der 2000er Jahre durch die staatliche Gazprom-Media Holding und der damit eingeleiteten Umbesetzung des Vorstandes im Jahr 2012

---

123 Vgl. ebd.

124 Die *Nezavissimaja Gazeta* wurde 1990 vom Moskauer Stadtrat gegründet und gehörte zur damaligen Medienholding des Oligarchen und Politikers Boris Beresovskis; spätestens seit dem Verkauf der Zeitung an Konstantin Remčukov, einen Berater des Ministers für wirtschaftliche Entwicklung der RF, im Jahr 2005 darf die unabhängige Berichterstattung der Zeitung angezweifelt werden, obgleich sich Remčukov selbst durchaus differenziert gegenüber der russischen Regierung äußerte und im kritischen *Ėcho Moskvy* wöchentlich auf Sendung war.

125 Die Moskauer Charta der Journalisten wurde am 4. Februar 1994 von 27 prominenten Vertreter:innen des russischen Journalismus unterzeichnet und ist eines der ersten berufsethischen Kodexe der Russischen Föderation. Die Charta bekräftigt u.a. die Pressefreiheit in Russland als Grundlage für die Entwicklung eines ehrlichen, freien und professionellen Journalismus. Vgl. „Moskovskaja chartija žurnalistov. Deklaracija. Prinjata 4. Fevralja 1994 goda“, in: *Obščestvennaja kollegija žalobam na pressu*. Verfügbar unter: https://presscouncil.ru/teoriya-i-praktika/dokumenty/758-moskovskaya-khartiya-zhurnalistov (abgerufen am 17.08.2018).

konnte *Ėcho Moskvy* bis zu einem gewissen Grad unabhängige Berichterstattung bestreiben.[126] Aufgrund der kritischen Berichterstattung über die russische Invasion in die Ukraine am 24. Februar 2022 sperrte die Medienaufsichtsbehörde *Roskomnadzor* den Zugang zur Internetseite des Senders auf Antrag der russischen Generalstaatsanwaltschaft. Der traditionsreiche Radiosender gab daraufhin Anfang März 2022 seine Schließung bekannt.[127] *Ėcho Moskvy* beheimatete die wöchentliche Radiosendung *Sut' sobytij* (dt. Kern der Ereignisse), in der Parchomenko neben aktuellen gesellschaftlichen Themen regelmäßig über Poslednij Adres berichtete.[128] Im August 2021 verlagerte Parchomenko seine Radiosendung auf seinen Youtube-Kanal.[129] Auch dieser Schritt steht im Kontext der immer repressiveren Politik des russischen Staates gegenüber unabhängigen Medien.

Parchomenko erreichte Bekanntheit durch verschiedene zivilgesellschaftliche und politische Aktivitäten. Er zählt zu den wichtigen Protagonist:innen der *Bolotnaja*-Proteste[130] in den Jahren 2011 bis 2013, die um die erneute Inauguration Vladimir Putins ihren Höhepunkt fanden.[131] Öffentlich beanstandete er

126 Vgl. Maria Lipman: „Russia's Nongovernmental Media under Assault", in: Peter Rollberg und Marlene Laruelle (Hrsg.): *Mass Media in the Post-Soviet World. Market Forces, State Actors, and Political Manipulation in the Informational Environment after Communism*. Stuttgart 2018, S. 41–56, hier: S. 44f. sowie Il'ja Azar: „Zadača uničtožit' ‚Ėcho Moskvy' kak samostojatel'nuju stanciju ne izmenilas'", in: *Novaja Gazeta*, 2. Oktober 2017. Verfügbar unter: https://novayagazeta.ru/articles/2017/10/02/74047-zadacha-unichtozhit-eho-moskvy-kak-samostoyatelnuyu-stantsiyu-ne-izmenilas (abgerufen am 18.08.2020).

127 Vgl. „Kremlkritischer Radiosender Echo Moskwy wird geschlossen", in: *Zeit online*, 03. März 2022. Verfügbar unter: https://www.zeit.de/news/2022-03/03/kremlkritischer-radiosender-echo-moskwy-wird-geschlossen (abgerufen am 13.05.2022).

128 Sergej Parchomenko: „Sut' sobytij", in: *Ėcho Moskvy*. Verfügbar unter: https://echo.msk.ru/blog/serguei_parkhomenko/.

129 Siehe hierzu den Youtube-Kanal von Sergej Parchomenko. Am 10. Juni 2022 verfügte dieser über 95.600 Abonnent:innen. Verfügbar unter: https://www.youtube.com/user/sparkhom/videos (abgerufen am 10.06.2022).

130 Die Proteste wandten sich gegen Wahlfälschungen und die Partei Einiges Russland in den Jahren 2011–2013. Der Begriff leitet sich vom *Bolotnaja*-Platz im Stadtzentrum Moskaus ab, auf dem die Demonstrationszüge endeten.

131 Vgl. Masha Gessen: Die Zukunft ist Geschichte. Wie Russland die Freiheit gewann und verlor. Berlin 2018, S. 411–416 sowie Anna Bajdakova: „Interv'ju. Vladimir Ryžkov k pjatiletiju protestov: ‚konečno, ja čustvuju sebja obmanutym'. Kak organizovanyvali mitingi dekabrja 2011 goda i počemu protestov okazalsja ‚slit'., in: *Novaja Gazeta*,

den gewollten Abbau des politischen Systems in Russland sowie die Manipulation der russischen Wahlprozesse und forderte die Bürger:innen auf, „die Last des politischen Handelns zu übernehmen.“[132] Bekanntheit erreichte Parchomenko zudem durch die Initiierung der Aktion *Dissernet*, die seit 2013 mithilfe von Freiwilligen die Dissertationen prominenter russischer Persönlichkeiten auf Plagiate untersucht und die Ergebnisse im Internet publiziert.[133] Im Hinblick auf die sowjetische Vergangenheit kritisiert der Poslednij Adres-Initiator die Unwissenheit innerhalb der Gesellschaft über das Ausmaß der unter Stalin begangenen Säuberungen und Verbrechen. Dies führt er auf die jahrzehntelange sowjetische Doktrin zurück, dass der Terror ein unvermeidbarer Preis für das Überleben und die Entwicklung des Landes gewesen sei. Parchomenko äußert sich öffentlich besorgt darüber, dass für einen Großteil der russischen Bevölkerung die Millionen Opfer des Stalinismus nichts anderes bedeuten würden als „kalte Statistiken“. Nur wenige Menschen seien seiner Ansicht nach an den „schwierigen und unangenehmen Fragen“ interessiert.[134]

Teil des initiierenden Poslednij Adres-Kollektivs ist der 1946 geborene russische Architekt, Künstler und Begründer der Moskauer Architekturschule *Marš*, Evgenij Ass. Ass war von 1996 bis 2006 erster Vizepräsident der Union der Moskauer Architekten und wurde im Jahr 2002 Mitglied des Europäischen Kulturparlaments. Anfang der 2000er Jahre hatte Ass außerdem den Posten des künstlerischen Leiters des russischen Pavillons auf der Biennale für Architektur in Venedig inne.[135]

Zu nennen ist daneben Aleksandra Polivanova, die als Kuratorin des Programms „Internationale Menschenrechte“ für Memorial Moskau tätig ist. Zudem arbeitet Polivanova als Wissenschaftlerin für das von Memorial initiierte

---

10. Dezember 2016. Verfügbar unter: https://novayagazeta.ru/articles/2016/12/10/70858-konechno-ya-chuvstvuyu-sebya-obmanutym (abgerufen am 17.08.2020).

132 Anastasia Little: „Sergei Parkhomenko and the Protest Movement in Russia“, in: *NYU Jordan Center*, 27. September 2012. Verfügbar unter: http://jordanrussiacenter.org/event-recaps/sergei-parkhomenko-and-the-protest-movement-in-russia/#.XqvVe5lCROS (abgerufen am 17.08.2020).

133 Vgl. „Dissernet“. Verfügbar unter: https://www.dissernet.org/.

134 Vgl. Sergey Parkhomenko: „Russia has yet to recover from the trauma of the Stalin era“, in: *The Guardian*, 7. März 2018. Verfügbar unter: https://www.theguardian.com/commentisfree/2018/mar/07/russia-stalin-putin-guilt-victims?CMP=share_btn_fb (abgerufen am 17.08.2020).

135 Vgl. „Evgenij Ass“, in: *Marš.ru*. Verfügbar unter: https://march.ru/about/tutors/444/ (abgerufen am 17.08.2018).

und an die Berliner Initiative „Topographie des Terrors“ angelehnte Projekt *Ėto prjamo zdes': Moskva. Topografija terrora* (dt. Es ist genau hier: Moskau. Topografie des Terrors).[136] Als Autorin schreibt sie für das online Informationsportal *Takie Dela*, dessen Anspruch es ist, russische zivil- und gemeinnützige Initiativen zu unterstützen.[137]

Auch die 1966 in Leningrad geborene russische Journalistin, Literaturkritikerin und Ausstellungskuratorin Anna Narinskaja sei hier erwähnt. Narinskaja ist die Tochter des sowjetischen Dichters und Prosaautors Evgenij Rejn. 2018 entwarf sie für das Projekt Poslednij Adres die Ausstellung *Poslednij Adres / pjat' let* (dt. Poslednj Adres / fünf Jahre), die einen künstlerisch-visuellen Einblick in die bisherige Arbeit des Projektes bot, und im staatlichen Architekturmuseum in Moskau zu sehen war.[138]

Bei den Autor:innen handelt es sich um Personen aus der akademischen Sphäre, die durch ihre Tätigkeiten nationale und teilweise auch internationale Bekanntheit erlangt haben. Sie ermöglichen mit ihren künstlerischen, politischen und zivilgesellschaftlichen Aktionen eine breite öffentliche Resonanz für das Projekt. Hier lässt sich ein Vergleich zu der Entstehung Memorials in den späten 1980er Jahren ziehen, die von der breiten Bevölkerung unterstützt, jedoch von der kritischen sowjetischen Intelligenz getragen und initiiert wurde.

Mit dem Anspruch, ein zivilgesellschaftliches Projekt zu sein, ist für die Installation eines Gedenkschilds die Initiative einer *beliebigen* Person ausschlaggebend. Wichtig dabei ist, dass dies explizit keine Verwandten, beziehungsweise Nachkommen der verstorbenen Person sein müssen. Die Idee ist vielmehr, dass sich eine echte gesellschaftliche Initiative dadurch auszeichnet, dass jede Person für ein Opfer der Repressionen ein Gedenkschild errichten lassen kann. Dieser Mensch trägt sozusagen als Pate des Gedenkzeichens die Kosten für die Anfertigung und ist bei der Anbringungszeremonie involviert. Durch den eigenen Impuls und die Spende für das Gedenktäfelchen können somit alle Bürger:innen tätig und Teil der sich entwickelnden Erinnerungskultur werden. Die Gründe für die Initiierung eines Gedenkschildes fallen dabei unterschiedlich aus.

136 „Ėto prjamo zdes': Moskva. Topografija terrora“, in: *Meždunarodnyj Memorial*. Verfügbar unter: https://topos.memo.ru/ (abgerufen am 17.08.2020). Siehe zum Projekt Kapitel 6.2.

137 Aleksandra Polivanova: „Zdes' byl Stalin“, in: *Takie Dela*, 19. Oktober 2015. Verfügbar unter: https://takiedela.ru/2015/10/stalin/ (abgerufen am 17.08.2020).

138 Vgl. „Poslednij Adres / 5 let. 1 nojabrja–16 dekabrja 2018 “, in: *Gosudarstvennyj muzej architektury imeni A. V. Ščuseva*. Verfügbar unter: http://muar.ru/item/1499-last (abgerufen am 17.08.2020).

Oftmals ist es das grundsätzliche Interesse an der Aufarbeitung der Familiengeschichte, die die Nachkommen mitunter zu Anreisen aus ganz Russland bewegt, um bei der Einweihung des Schildes teilzunehmen. Aber auch das Interesse an der eigenen ehemaligen Nachbarschaft, den ehemaligen Bewohner:innen und Nachbar:innen des eigenen Hauses im vorherigen Jahrhundert, kann ausschlaggebend sein. Initator:innen stellen zunächst einen Antrag auf der Website der Poslednij Adres. Ist die verfolgte Person bereits in der Datenbank Memorials aufzufinden, können weitere Schritte auf dem Weg zur Installation des Schildes, wie die Verhandlung mit den Hausbewohner:innen und Eigentümer:innen, eingeleitet werden. Sollte dies nicht der Fall sein, werden die Initiator:innen gebeten, sich direkt an Memorial zu wenden, um weitere archivarische Nachforschungen anzustellen.[139] Im Kontext einer ethnografischen Forschung im Petersburger Poslednij Adres-Zweig differenziert die Anthropologin Eliza Frenkel zwischen drei Gruppen, die Schilder beantragen: Erstens Familienmitglieder (Urenkel), zweitens die Installation befürwortende Nachbar:innen, also Personen, die an der letzten Adresse des Opfers leben sowie drittens Kolleg:innen, beziehungsweise Personen, die heutzutage in dem Bereich arbeiten, in dem das Opfer tätig war. Dies seien Menschen aus der kulturellen oder akademischen Welt, in der die Opfer eine Spur hinterlassen haben.[140]

> „Hinter jedem Schild steht ein lebender Mensch."[141]
> Immer, wenn Sie ein Schild von ‚Poslednij Adres' sehen, bedeutet dies, dass mehr oder weniger alle Bewohner des Hauses von Freiwilligen aufgesucht wurden, die sie fragten, ob sie zustimmen, dass dieses Schild am Haus angebracht werde. Und sobald es dort hängt, bedeutet dies, dass sie sich im Haus einig geworden sind: Man darf keine Menschen töten. Dies ist eine so wertvolle Übereinkunft von Menschen gegen ein System des Mordes.[142]

---

139 Vgl. Parchomenko: „‚Poslednij adres'. Vremja sobirat' kamni" [Interview], in: *Permskoe krajevoe otdelenie meždunarodnogo obščesvta ‚Memorial'*.

140 Eliza Frenkel: „Installing a Biography: The Interwined Pathway of a Last Address Memorial Plaque in Post-Soviet Russia", in: *Contemporary – Journal of Sociology at UFSCar* 11, 1 (2021), S. 43–66, S. 46.

141 Natal'ja Mičurina und Julija Sergeeva: „‚Za každym znakom – živoj čelovek" [Interview mit Sergej Parchomenko], in: *Poslednij adres/Vostočno-Sibirskaja pravda*, 14. Juni 2016. Verfügbar unter: https://www.poslednyadres.ru/articles/vsp_irkutsk.htm (abgerufen am 17.08.2020).

142 Elena Dolženko: „Inter'vju. Kurator Pamjati [Aleksandra Polivanova]", in: *Agentstvo Social'noj Informacii*, 22. März 2019. Verfügbar unter: https://www.asi.org.ru/article/2019/03/22/aleksandra-polivanova/ (abgerufen am 17.08.2018).

Die Worte Aleksandra Polivanovas unterstreichen die Relevanz der Rolle der Hausbewohner:innen und Eigentümer:innen für die erfolgreiche Umsetzung der Vorhaben des Projektes Poslednij Adres. Die Bewohner:innen eines Hauses sowie deren Eigentümer:innen oder auch Mieter:innen, im Falle von kommerziellen Läden, Restaurants oder Bars, müssen ihre ausdrückliche Zustimmung erteilen, damit ein Schild platziert werden kann. Dies bedeutet, dass ein Großteil der Arbeit des Projektes darin besteht, Gespräche zu führen und Überzeugungsarbeit zu leisten. Zum einen ist dies ein möglicher Weg zur Umgehung des Staates, da, anders als beim deutschen Stolperstein-Projekt, die Erinnerungszeichen nicht an öffentlichen Straßen und Wegen angebracht werden. Zum anderen entsteht allein durch diese Gespräche eine Diskussion über das Thema der Repressionen, da den Bewohner:innen auf diese Weise (teils unfreiwillig) ins Bewusstsein gerufen wird, welches Schicksal der Mensch erlitt, der früher in ihrem Haus oder in ihrer unmittelbaren Nähe lebte. Sowohl Anna Schor-Tschudnowskaja als auch Eliza Frenkel messen diesen im Vorfeld von Installationen stattfindenden Gesprächen eine große Bedeutung zu. Mithilfe von Papieren und Informationsmaterialien, Fotos und Kopien sowie Mustertafeln begeben sich Aktivist:innen zu den einzelnen Wohnungen und erklären, worum es im Projekt geht. Die daraus resultierenden Gespräche könnten als eine neue soziologische Forschungsquelle gelesen werden.[143] Eliza Frenkel weist in ihrer Studie zu Recht auf die Machtposition des „Nachbarn" im Gedenkprozess hin. Die Nachbar:innen können das Gedenken initiieren und es gleichsam blockieren. Die von Frenkel hierbei angestoßene Assoziation der sowjetischen „Genossengerichte" bedarf noch weiterer Untersuchung.[144]

4.3. Voraussetzungen des Gedenkens

Am 8. Dezember 2013 widmete sich ein „kollektiver Workshop" aus Architekt:innen, Historiker:innen, Archivar:innen, Journalist:innen sowie Schriftsteller:innen im urbanen Moskauer Strelka Institut, unter Moderation von Evgenij Ass, Sergej Parchomenko und den Historiker:innen Nikita Sokolov, Arsenij

143 Vgl. Anna Schor-Tschudnowskaja: „Internationale Bewegung Die Letzte Adresse". 2021, S. 225.

144 Eliza Frenkel: „Installing a Biography". 2021, S. 60. Eine weitere Ebene erhält diese Überlegung unter Berücksichtigung der Tatsache, dass die Wohnungen der Opfer oftmals von NKVD-Mitarbeitenden übernommen wurden, die zuvor die Verhaftung und Verurteilung eingeleitet hatten.

Abbildung 1: Entwurfszeichnung des Gedenkschildes von Aleksandr Brodskij. Veröffentlich von Sergej Parchomenko: „‚Poslednij Adres': final'naja nedelja kampanii v pomošč' proekty", in: *Ėcho Moskvy*, 23. September 2014. Verfügbar unter: https://echo.msk.ru/blog/serguei_parkhomenko/1405136-echo/ (abgerufen am 17.08.2020).

Roginskij und Irina Ščerbakova, den verschiedenen kulturellen, historischen und politischen sowie organisatorischen Aspekten der Poslednij Adres. 0Dieser Workshop der initiierenden Intellektuellen, die Parchomenko als „Crème-de-la-Crème" der Moskauer Designer:innen und Architekt:innen bezeichnet,[145] kulminierte in der Erstellung eines Entwurfsmodells des Gedenkzeichens sowie der Vorbereitung eines Aufrufs an die Behörden von Moskau, Sankt Petersburg und anderen Städten Russlands mit dem Vorschlag, eine Entscheidung über die administrative, rechtliche und organisatorische Unterstützung dieser öffentlichen Initiative zu treffen.[146]

145 Vgl. Parchomenko:„‚Poslednij adres'. Vremja sobirat' kamni" [Interview], in: *Permskoe krajevoe otdelenie meždunarodnogo obščesvta ‚Memorial'*.

146 Auf der Seite „Urok istorii" findet sich zudem ein Ablaufplan des Workshops vgl. „Poslednij adres: 8. Dekabrja na ‚Strelke'", in: *Urok istorii XX vek*, 5. Dezember 2020. Verfügbar unter: https://urokiistorii.ru/article/51947?announce_type=All&sort_by=field_period_value&page=7 (abgerufen am 17.08.2020); Daneben existiert ein Youtube-Video mit einem ein fragmentarischer Ausschnitt dieses Gründungstreffen in im Moskauer Strelka-Institut vgl. Direttore2009: „‚Poslednij adres' Memorial'nyj

Aleksandr Brodskij, der aufgrund seiner außergewöhnlichen und fantasiereichen Entwürfe als einer der bekanntesten russischen Architekten der Gegenwart gilt, entwarf die Gedenkschilder des Projektes Poslednij Adres. Jedes der aus rostfreiem Stahl angefertigten Schilder trägt sieben bis acht Zeilen gravierten Textes: der Name der Person, ihr Beruf, das Geburtsdatum, der Tag ihrer Verhaftung, das Datum der Urteilsvollstreckung sowie jenes der Rehabilitierung. Links des Textes befindet sich ein ausgeschnittenes Quadrat, das an einen Rahmen ohne Fotografie erinnert: die auf einfache und dennoch eindrucksvolle Weise geschaffene Assoziation einer Leerstelle, hinterlassen von einer Person, die ohne Vorwarnung aus ihrer Familie gerissen und im Zuge des Staatsterrors ums Leben gekommen ist. So betont der Historiker Nikita Sokolov: „Das Schild zeigt nur den Namen, den Beruf, die Hauptdaten der irdischen Reise und die klaffende Leere des quadratischen Schlitzes – kein Ort für ein Foto, sondern ein Zeichen für die tragische Lücke des menschlichen Lebens."[147] Die Anonymität und Homogenität der Edelstahlschilder ist eine Metapher für das entmenschlichte Töten im Stalinismus. Es fehlt, abgesehen von den personalisierten Inschriften, jegliche Individualität.

Die Voraussetzung dafür, dass eine Person für die Berücksichtigung in dem Projekt in Frage kommt, ist deren Rehabilitierung. Nur dann lässt sich die politisch verfolgte Person in der Datenbank Memorials ausfindig machen.[148] Die Rehabilitierung impliziert für die Initiator:innen des Projektes, dass die Person Opfer der politischen Repressionen und des Staates wurde. Eine nahezu kathartische Funktion nimmt somit die rechtliche Wiederherstellung der früheren Rechte und des Namens der unterdrückten Person für Poslednij Adres ein. Nichtsdestotrotz gibt es keinen Garanten dafür, dass sich die rehabilitierte Person vor ihrer Verurteilung nicht selbst schuldig gemacht hatte, sei es in der Zeit des Stalinismus oder bereits zuvor, etwa im russischen Bürgerkrieg. Die Rehabilitierungen sind, wie Parchomenko feststellt, „ein notwendiger, aber nicht

---

proekt", in: *Youtube*, 23. Dezember 2013. Verfügbar unter: https://www.youtube.com/watch?v=r4rd2YikeXI&feature=youtu.be [2:47-10:46] (abgerufen am 17.08.2020).

147 Nikita Sokolov: „‚Poslednij adres' – ščepki pretknovenija", in: *Eždenevnyj Žurnal*, 9. Dezember 2014. Verfügbar unter: http://ej.ru/?a=note&id=26650 (abgerufen am 17.08.2020).

148 Sollte die Person, für die ein Schild beantragt wurde, nicht in der Datenbank zu den Opfern der politischen Repressionen auffindbar sein, weil sie unter Umständen nicht rehabilitiert wurde, stellen Historiker:innen des Projektes und Memorials weitere (archivarische) Nachforschungen an.

hinreichender Umstand.“[149] Auch der Kurator der Permer Poslednij Adres-Zweigstelle, Aleksandr Černyšov, vermerkt, dass die Rehabilitierung letztlich keine Sicherheit dafür biete, dass es nicht zu einem Zusammenfluss zwischen Tätern und Opfern des Terrors kommen könne. Genauso gebe es weiterhin zahlreiche Personen, die nach Artikel 58 verurteilt worden wären und deren Rehabilitierungen bislang nicht erfolgt seien.[150] Aus diesem Grund verfügt Poslednij Adres über einen Historiker:innen-Expertenrat, dessen Meinung bei Anträgen für umstrittene Personen angefragt werden kann.[151] Der Diskurs, inwieweit eine Rehabilitierung gerechtfertigt ist oder nicht, und ob dieses juristische Konzept grundsätzlich eine geeignete Voraussetzung für die Erinnerung an eine bestimmte Person ist, wird dagegen von Poslednij Adres nicht explizit geführt.

Autonomie verschaffen Poslednij Adres zwei wichtige Aspekte: Zum einen ist der geringe rechtliche Status der Tafeln bedeutend. Diese entsprechen lediglich dem Status eines einfachen Hinweis- und Informationsschildes. Damit sind sie aus rechtlicher Perspektive nicht mit bekannten Erinnerungstafeln und -schildern im Stadtraum zu vergleichen.[152] Zum anderen ist die Finanzstruktur des Projektes hervorzuheben. Mehrere Fonds und private Organisationen unterstützen die Initiative finanziell, hinzu kommen Crowdfunding und gezielte Spenden für jedes Erinnerungszeichen.[153] Die Moskauer Behörden von dem niedrigen rechtlichen Status zu überzeugen, war für die Durchführung des Projektes entscheidend. Denn der rechtliche Status einer Gedenktafel würde den gesamten Prozess enorm verkomplizieren. In diesem Fall obläge es den Aktivist:innen, für jede Installation der Gedenktäfelchen unter Umständen zwei Jahre auf eine Genehmigung zu warten und verschiedene Architekturabteilungen sowie künstlerische Räte kontaktieren zu müssen. Die Akteur:innen wären darauf angewiesen, zu beweisen, dass die Gedenktafeln an Personen erinnern, die ein Denkmal

149 Natal'ja Mičurina und Julija Sergeeva: „„Za každym znakom – živoj čelovek“ [Interview mit Sergej Parchomenko], in: *Poslednij adres/Vostočno-Sibirskaja pravda*, 14. Juni 2016.

150 Mailinterview der Autorin mit Aleksandr Černyšov vom 28. Mai 2020.

151 Vgl. Natal'ja Mičurina und Julija Sergeeva: „„Za každym znakom – živoj čelovek“ [Interview mit Sergej Parchomenko], in: *Poslednij adres/Vostočno-Sibirskaja pravda*, 14. Juni 2016.

152 Vgl. Parchomenko: „‚Poslednij adres‘. Vremja sobirat' kamni“ [Interview], in: *Permskoe krajevoe otdelenie meždunarodnogo obščesvta ‚Memorial‘.*

153 Vgl. „Memorial'nyj proekt ‚Poslednij adres‘“, in: *Poslednij adres.*

verdienten. „Und das widerspricht völlig der Idee der Poslednij Adres“, [154] so Parchomenko. So hängen die einfache Ästhetik der Schilder und ihr niedrigschwelliger rechtlicher Status zusammen. Der Nachteil des einfachen Designs der Erinnerungszeichen liegt wiederum darin, dass sie leicht abmontiert werden können.[155]

Auch die Arbeit der vielen am Projekt involvierten Freiwilligen sowie die vorhandenen Infrastrukturen von Memorial tragen zur Wahrung der Autonomie bei. Daneben leiten verschiedene Kurator:innen die jeweiligen russischen Zweigstellen der einzelnen Städte. So habe der ehemalige Minister der Moskauer Regierung und Leiter des Moskauer Kulturministeriums, Sergej Kapkov, ganz im Sinne der von Parchomenko gewünschten Selbstverwaltung kurz nach dem Auftakt der Initiative mehrmals betont, er verstehe nicht, was Poslednij Adres überhaupt von der Moskauer Stadtverwaltung wolle: Sie hätten Zugriff auf die biographische Datenbank Memorials und die Tafeln stelle das Projekt selbst her. Also sollten sie losgehen und sich mit den Hausbewohner:innen verständigen.[156]

Das Projekt ist als gemeinnützige Stiftung beim Justizministerium der Russischen Föderation registriert.[157] Die Konsolidierung der Poslednij Adres als Erinnerungsprojekt zeigt sich daneben an bestehenden Mitgliedschaften in internationalen Organisationen wie der Vereinigung „Sites of Conscience“.[158]

---

154 Vgl. Parchomenko: „‚Poslednij adres‘. Vremja sobirat’ kamni“ [Interview], in: *Permskoe krajevoe otdelenie meždunarodnogo obščesvta ‚Memorial‘*.

155 Siehe hierzu Kapitel 6.3.

156 Vgl. Parchomenko: „‚Poslednij adres‘. Vremja sobirat’ kamni“ [Interview], in: *Permskoe krajevoe otdelenie meždunarodnogo obščesvta ‚Memorial‘*.

157 „O dejatel’nosti nekommerčeskich organizacii“, in: *Informacionnyj portal Ministerstva justicii Rossijskoj Federacii*. Verfügbar unter: http://unro.minjust.ru/NKOs.aspx (abgerufen am 18.08.2020).

158 Es handelt sich dabei um ein globales Netzwerk mit ca. 200 Mitgliedern, bestehend aus Museen und Denkmälern, welches für den Schutz der Menschenrechte in verschiedenen Regionen der Welt eintritt. Die Koalition ist in den Vereinigten Staaten als gemeinnütziger Verein registriert und unterstützt ihre Mitgliedsstandorte nach eigenen Angaben durch die Finanzierung und Schulung von Pilotprogrammen zur Einhaltung der Menschenrechte. Vgl. „Last Address“, in: *International Coalition of Sites of Coscience*. Verfügbar unter: https://www.sitesofconscience.org/en/membership/last-address/ (abgerufen am 17.08.2020).

4.4. Berichterstattung und mediale Verbreitung

Innerhalb der liberalen Online-Medienlandschaft Russlands trifft Poslednij Adres auf breite Resonanz. Verschiedene Medien widmen sich den Biographien der Opfer des Terrors sowie den persönlichen Geschichten der Antragssteller:innen. Daneben – dies ist für die weitere Analyse besonders relevant – wird über den aktiven Prozess des Erinnerns berichtet, begonnen mit den Ankündigungen für neue Installationen von Täfelchen bis hin zu den aufkeimenden administrativen Schwierigkeiten und Konflikten mit lokalen russischen Behörden oder gar Auswüchsen des Vandalismus.[159]

Einen bedeutenden medialen Kanal stellte die traditionsreiche *Novaja Gazeta* dar. Seit dem Start der Initiative kreierte die oppositionelle Zeitung in ihren Onlineausgaben Aufmerksamkeit für die Bürgerinitiative. Denn: Man könne nun zum ersten Mal an Häuserwänden in Russland das Wort „erschossen" lesen. Erstmals wiesen „Mikrodenkmäler" im öffentlichen Stadtraum darauf hin, was mit den Opfern politischer Verfolgung in der Sowjetunion geschehen war.[160] Es sei angemerkt, dass die *Novaja Gazeta* bis zur russischen Invasion in der Ukraine und der damit zusammenhängenden medialen Zäsur als eine der wenigen noch unabhängigen Zeitungen Russlands galt. Ende März 2022 kündigte die Redaktion nach einer zweiten Verwarnung der russischen Medienaufsichtsbehörde jedoch ihren Publikationsstopp bis zum Ende des Krieges an.[161]

---

159 Hierzu Kapitel 6.1. und 6.3.

160 Vgl. Elena Račeva: „Akcija ‚Poslednij adres' pervyj slučai v Rossii, kogda na stene domov pojavljaetsja slovo ‚rasstreljan'. V Moskve pojavilis' tablički s imenami repressirovannych", in: *Novaja Gaezta*, 11. Dezember 2014. Verfügbar unter: https://novayagazeta.ru/articles/2014/12/11/62322-aktsiya-171-posledniy-adres-187-151-pervyy-sluchay-v-rossii-kogda-na-stene-domov-poyavlyaetsya-slovo-171-rasstrelyan-187 (abgerufen am 18.08.2020).

161 Kurz zuvor hatte die russische Medienaufsichtsbehörde *Roskomnadzor* der Zeitung die Verbreitung von Falschinformationen vorgeworfen. Ein Teil des Redaktionsteams der *Novaja Gazeta* startete im April 2022 aus Riga das unabhängige Projekt *Novaja Gazeta Europe*, das weiterhin aus Europa zunächst über Twitter und Youtube, inzwischen auch über eine eigene, neue Website zu den tagesaktuellen Entwicklungen in Russland und der Welt auf Russisch publiziert und sich als Stimme eines „Anti-Kriegs-Russlands" positioniert. Vgl. „My priostanalivaem paboty. Zajavlenie pedakcii ‚Novoj gazety'", in: *Novaja Gazeta*, 28.03.2022. Verfügbar unter: https://novayagazeta.ru/articles/2022/03/28/my-priostanavlivaem-rabotu (abgerufen am 11.05.2022).

Poslednij Adres-Initiator Parchomenko berichtete regelmäßig auf seinem *Ėcho Moskvy*-Blog *Sut' sobytij*[162] (dt. Kern der Ereignisse) über Neuigkeiten rund um das Projekt. Mittlerweile behandelt der Journalist auf seinem Youtube-Kanal vorwiegend die Kriegsereignisse in der Ukraine und innenpolitische Entwicklungen Russlands.

Unter der Prämisse, für die weltweite Stärkung von Demokratien zu arbeiten, veröffentlichte der teilweise aus den USA finanzierte russische Dienst von *Radio Svoboda*[163] umfangreiche Interviews und Artikel zu Poslednij Adres sowie der russischen Erinnerungskultur im Allgemeinen. Auch die 2014 als Exilmedium in Riga gegründete Internetzeitung *meduza*[164] berichtet aus dem Ausland über Poslednij Adres.

Das Informationsportal *Colta*, das sich als „ein völlig unabhängiges, freies Medium über Kultur und Gesellschaft" ohne staatlichen oder privaten Eigentümer positioniert und von der Heinrich-Böll-Stiftung, dem Goethe-Institut sowie der Internationalen Memorial Gesellschaft unterstützt wird,[165] widmet sich in großem Maße zivilgesellschaftlichen Aktivitäten in Russland, beispielsweise der

162 Sergej Parchomenko: „Sut' sobytij", in: *Ėcho Moskvy*. Verfügbar unter: https://echo.msk.ru/programs/sut/ (abgerufen am 21.08.2020).

163 Vgl. „Radio Svoboda". Verfügbar unter: https://www.svoboda.org/contact (abgerufen am 19.08.2020).
Auch *Radio Svoboda* ist seit dem russischen Krieg in der Ukraine innerhalb Russlands nicht mehr erreichbar, die Internetpräsenz nicht mehr aufrufbar. Die Berichterstattung wurde weitestgehend in soziale Netzwerke (Telegram, Facebook, Twitter, Youtube, VK, Instagram) verlagert. Zudem informiert der Sender darüber, wie man über VPN die Blockade der Internetseite umgehen könne. Vgl. „Sajti russkoj služby Radio Svoboda Svoboda.org, Severreal.org, Sibreal.org zablokirovany v Rossii", in: *Radio svoboda*. Verfügbar unter: https://www.svoboda.org/block (abgerufen am 14.07.2022).

164 Die kritische Internetzeitung *Meduza* wurde bereits im Mai 2021 von den russischen Behörden als „ausländischer Agent" eingestuft und auf dieser Weise mit drastischen Arbeitsbehinderungen belegt. Siehe hierzu: Christian Esch: „Wie der Kreml kritische Medien zerstört ‚Ich nenne das eine Geiselnahme'", in: *Spiegel Online*. Verfügbar unter: https://www.spiegel.de/ausland/russland-geht-gegen-onlineportal-meduza-vor-ich-nenne-das-eine-geiselnahme-a-a0d6a282-daf0-4ad3-9bea-301c9d0fa117 (abgerufen am 22.05.2022).

165 Colta existiert seit 2013 und ist nach eigenen Angaben das einzige große öffentliche Medienunternehmen in Russland, welches aus drei Quellen besteht: Leserunterstützung, Kuratorium und Partnerschaftsprojekte. Folglich hat Colta weder öffentliche noch private Eigentümer. Vgl. „O proekte", in: *Colta*. Verfügbar unter: https://www.colta.ru/about (abgerufen am 17.08.2020).

jährlich am Vorabend des Gedenktages der Opfer politischer Repressionen Ende Oktober stattfindenden Aktion Memorials *Vozvraščenie imën* (dt. Rückgabe der Namen).[166] Die Aufgabe des „nationalen Denkmals" Poslednij Adres, so *Colta*, liege in der Verewigung der Erinnerung an „einfache" Bürger:innen; es gehe um „unschuldige Opfer der Repressionen" und nicht nur um „VIP-Betroffene".[167] *Colta* nahm sich insbesondere der Unterstützung organisatorischer Aspekte der Initiative an, indem es im Juni 2014 eine öffentliche Spendenaktion zur Finanzierung der Poslednij Adres ankündigte.[168] Im April 2016 veröffentlichte *Colta* den Aufruf Sergej Parchomenkos an potentielle Unterstützer:innen des Projektes, in den Dialog mit Bewohner:innen und Eigentümer:innen zu treten, um neue Schilder an ihren Häusern zu installieren.[169]

Radio *Arzamas* – ein publizistisches Projekt, das sich selbst als Online-Universität und aufklärerische Zeitschrift in einem versteht[170] – veröffentlichte anlässlich der Ausstellung *Poslednij Adres / pjat' let* Fragmente aus Interviews mit Menschen, die sich selbst dazu entschlossen hatten, Erinnerungszeichen für ihre Verwandten oder gänzlich fremde Personen anzubringen. So etwa Angelina Bušueva aus Perm, deren Vater Vladimir Bušuev im Januar 1938 erschossen worden war. Von ihrem Vater existiere kein Foto, nun aber ein Gedenkschild, von dem sie hoffe, dass es die Menschen zum Nachdenken anrege. Interviewt wurde auch der Moskauer Mark Grinberg, dessen Familie zwar nicht von den Repressionen betroffen war, der sich aber dennoch oder bewusst deshalb dazu

---

166 o.A.: „V Moskve vspomnjat žertv Bol'šogo terrora", in: *Colta*, 24. Oktober 2013. Verfügbar unter: https://www.colta.ru/news/931-v-moskve-vspomnyat-zhertv-bolshogo-terr ora (abgerufen am 17.08.2020). Siehe zur Aktion Kapitel 5.2.

167 o.A.: „V Moskve načinaetska memorial'nyj proekt ‚Poslednij adres'", in: *Colta*, 6. Dezember 2013. Verfügbar unter: https://www.colta.ru/news/1437-v-moskve-nachi naetsya-memorialnyy-proekt-posledniy-adres (abgerufen am 17.08.2020).

168 Vgl. o.A.: „‚Poslednij adres' ob "javil sbor sredstv", in: *Colta*, 30. Juni 2014. Verfügbar unter: https://www.colta.ru/news/3707-posledniy-adres-ob-yavil-sbor-sredstv (abgerufen am 17.08.2020). Auf der Crowdfunding-Plattform *planeta.ru* seien als Zielbetrag 800.000 Rubel angegeben worden. Dies solle den Start der Poslednij Adres Website und die notwendigen Vorbereitungen für die Installation der ersten hundert Tafeln in den ersten sechs Monaten des Projektes ermöglichen

169 Vgl. o.A.: „‚Poslednemu adresu' nužny pomoščniki", in: *Colta*, 7. April 2016. Verfügbar unter: https://www.colta.ru/news/10687-poslednemu-adresu-nuzhny-pomoschniki (abgerufen am 17.08.2020).

170 Vgl. Aleksej Ponomarev: „Filipp Dzjadko zapustil prosvetitel'skij proekt Arzamas", in: *Repuplic*, 29. Januar 2015. Verfügbar unter: https://republic.ru/posts/l/1209886 (abgerufen am 18.08.2020).

entschieden hatte, ein Schild für den ihm unbekannten Van Si Sjan[171] in der Nähe seines Wohnhauses anbringen zu lassen.[172]

Auch der 2010 von Journalist:innen gegründete TV- und Onlinesender *Dožd* widmete seine Berichterstattung Poslednij Adres,[173] beispielsweise im Zuge einer Live-Sendung, in der ein 10-jähriger Schüler, inspiriert durch einen historischen Schulfilm, berichten konnte, wie er für seinen Ur-Ur-Großvater Evgenj Faijnberg ein Poslednij Adres-Erinnerungszeichen initiiert hatte. Um die für ihn sehr lange Wartezeit zwischen Antragstellung und Installation des Schildes zu überbrücken, entschied sich der Schüler kurzum dazu, ein provisorisches Kartonschild aufzuhängen.[174] In einer Abendshow thematisierte *Dožd* das Anbringen weiterer Gedenkzeichen durch Nachkommen der Unterdrückten sowie ihre tragischen Schicksale.[175]

Vereinzelt informiert auch die *Komsomol'skaja Pravda*, eine der größten Tageszeitungen Russlands, zumindest in den Online-Regionalspalten über (anstehende) Projektaktivitäten. Die Zeitung berichtete etwa im März 2015 über die Installation erster Tafeln in Sankt Petersburg – zwei davon wurden an der Fassade des Museums Anna Achmatovas, dem Šeremetev-Palais, aufgehängt. Eines der Schilder galt dem Ehemann Anna Achmatovas, dem

---

171 Der aus einer chinesischen Bauernfamilie stammende Si Sjan war in einer Moskauer Wäscherei tätig, bis er im September 1938 wegen „konterrevolutionärer Spionageaktivitäten" festgenommen und zum Tode verurteilt wurde.

172 Vgl. Lena Vanina und Kirill Kulagin; „Proektu ‚Poslednij adres' pjat' let", in *Arzamas*, 10. Dezember 2018. Verfügbar unter: https://arzamas.academy/mag/622-posledny_adres (abgerufen am 18.08.2020).

173 Als letzter unabhängiger Sender wurde auch *Dožd* im März 2022 aufgrund vermeintlich falscher Berichterstattung über den Krieg in der Ukraine geschlossen. Vgl. „Russlands Behörden sperren zwei unabhängige Medien", in: *Zeit online*, 01. März 2022. Verfügbar unter: https://www.zeit.de/politik/ausland/2022-03/russland-medien-doschd-echo-moskwy (abgerufen am 11.05.2022).

174 Vgl. Anna Mongajt: „Škol'nik povesil kartonnuju tabličku v pamjat' o rasstreljannom prapradede. Čerez poltora goda ee udalos' zamenit' na oficial'nuju, in: *zdes' i sejčas večernee šou Dožd*, 3. Februar 2020. Verfügbar unter: https://tvrain.ru/teleshow/vechernee_shou/tablichka-502221/?utm_term=502221&utm_source=vk&utm_medium=social&utm_campaign=instant&utm_content=tvrain-main [00:01-09:57] (abgerufen am 18.08.2020).

175 Vgl. Dmitrij Zimin: „Otca zabrali, kogda mne bylo dva goda', in: *zdes' i sejčas večernee šou Dožd/Youtube*, 23. Dezember 2015. Verfügbar unter: https://www.youtube.com/watch?v=vo7DUqgkmq0&feature=emb_title [00:01-04:05] (abgerufen am 18.08.2020).

Kunsthistoriker Nikolaj Punin. Beim Anbringen des Schildes half die Tochter Punins, Anna Kaminskaja.[176] Daneben habe sich die Stadt Ekaterinburg im August 2016 dem Projekt angeschlossen. Über die in Bälde stattfindende öffentliche Installation eines zwölften Erinnerungszeichens in Ekaterinburg für den im Mai 1937 unter Vorwurf der Konterrevolution zum Tode verurteilten Büroleiter Aleksandr Žilinskij berichtete die Zeitung im Dezember 2019.[177] Auch im Oblast' Vladimir könnten bald all jene, die dort leben oder den Ort besuchen, erfahren, wo Opfer des Großen Terrors lebten – „Bauern, Arbeiter, Ingenieure, Wissenschaftler, Schauspieler. Friedliche Vladimirer, die in den stalinistischen Lagern starben."[178] Das erste Schild in Vladimir wurde für den Bauern Fedor Vasil'ev aus dem Dorf Chmelevo angebracht, der nicht mehr aus dem gegen Finnland geführten Krieg zwischen Juni 1941 und September 1944 zurückgekehrt war. Vasil'ev wurde unter dem Vorwurf der „Propaganda und Agitation mit dem Aufruf zum Sturz, zur Untergrabung oder zur Schwächung der Sowjetmacht" zum Tode verurteilt, da er den sowjetischen Sieg bezweifelt haben soll. Weitere Erinnerungszeichen seien im Oblast' Vladimir geplant, da das Projekt immer weiterwachse.[179]

Die breite mediale Resonanz, vornehmlich in liberalen russischen Internetzeitungen, verdeutlicht ein grundsätzliches Interesse an der Thematisierung der negativen Vergangenheit, explizit des Stalinismus und des Großen Terrors. In den Beiträgen werden häufig organisatorische Facetten des Projektes beleuchtet sowie über Einzel- beziehungsweise Familienschicksale berichtet. Hier zeigt sich, dass in Russland das gesellschaftliche Interesse an der eigenen Familiengeschichte stetig wächst.[180] Die Berichterstattung vermittelt daneben den Eindruck, öffentlich für das Projekt zu werben und Sympathie in der Bevölkerung

---

176 Vgl. Andrej Rost: „‚Poslednij adres' Peterburga. V gorode načali pojavljaet'sja memorial'nye znaki v pamjat' žertvach političeskich repressij", in: *Komsomol'skaja Pravda Sankt-Peterburg*, 23. März 2015. Verfügbar unter: https://www.spb.kp.ru/daily/26357/3239334/ (abgerufen am 17.08.2020).

177 Vgl. Alina Surina: „V Ekaterinburge pojavjatsja dve novye pamjatnye tablički v ramkach proekta ‚Poslednij adres'", in: *Komsomol'skaja Pravda Ekaterinburg*, 4. Dezember 2019. Verfügbar unter: https://www.ural.kp.ru/online/news/3694468/ (abgerufen am 17.08.2020).

178 Irina Mal'ceva: „Na domach repressirovannych vladimircev pojavjatsja pamjatnye tablički", in: *Komsomol'skaja Pravda*, 4. September 2019. Verfügbar unter: https://www.kp.by/daily/27024/4087373/ (abgerufen am 17.08.2020).

179 Vgl. Ebd.

180 Siehe hierzu Kapitel 5.1.

hervorrufen zu wollen. Dies deckt sich wiederum mit dem Umstand, dass die hier aufgeführten Medien mit Ausnahme der *Komsomol'skaja Pravda* innerhalb eines (politisch)aktivistischen Rahmens agieren. So wurde etwa der Sender Radio *Arzamas* im Januar 2015 von Filipp Dzjadko, dem ehemaligen Chefredakteur des Journals *Bol'šoj Gorod*[181] und Mitglied des Koordinationsrats der Opposition, gegründet.[182] Die Plattform *Colta* wird von Memorial International unterstützt und Sergej Parchomenko war selbst für *Ėcho Moskvy* journalistisch tätig.

Die publizistischen Tätigkeiten in News-Portalen, Internetzeitungen, sozialen Netzwerken sowie Blogs zeigen eine neue Entwicklung der russischen Erinnerungskultur hin zur Verarbeitung und Aushandlung historischer Themen online. Blogger:innen und Autor:innen behandeln problematische Aspekte der russischen Geschichte „auf anspruchsvolle und differenzierte Weise."[183] Dies wird künftig noch weiter an Bedeutung gewinnen, da die Berichterstattung über unabhängige, differenzierte Medien innerhalb Russlands immer weiter abgeschnitten wird.

181 Bol'šoj Gorod ist wiederum Teil des gleichen Mediaholdings wie der liberale Sender Dožd.

182 Vgl. Ponomarev: „Filipp Dzjadko zapustil prosvetitel'skij proekt Arzamas", in: *Republic*, 29. Januar 2015.

183 Klaus Gestwa: „Putin, der Cliotherapeut. Überdosis an Geschichte und politisierte Erinnerungskonflikte in Osteuropa", in: *Neue Politische Literatur* 67, (2022), S. 15–53, hier: S. 7.

5. Die russische Erinnerungslandschaft

In den späten 1980er Jahren intensivierten sich Diskussionen über die Stalinistischen Repressionen, die sich als bedeutend für die Herausbildung neuer Konzeptionen über die Vergangenheit sowie einer entstehenden Erinnerungskultur erwiesen. Plötzlich brach eine Wand des Schweigens, war doch das Thema der Repressionen in der Sowjetunion lange Zeit mit einem großen Tabu belegt gewesen: „Before this point, witnesses had kept silent, so it would have been difficult to find information on the Gulag, but now this suddenly began to appear in newspapers and on television, and witnesses began to speak."[184]

Die Zeit der aufkommenden öffentlichen Diskussionen über die Vergangenheit sowie die zeitgleiche Entstehung zahlreicher Menschenrechtsorganisationen, darunter Memorial, die die „Gulag memory" zu formen begannen, bezeichnet Zuzsanna Bogumil, in Anlehnung an den russischen Literaturwissenschaftler und Kunsthistoriker Michail Bachtin, als „carnival of memory".[185] Dies veranschaulicht die turbulenten und durchaus divergierenden Diskurse und Deutungen über die Vergangenheit, die mitunter in Literatur, Kunst und Film ihren Eingang fanden. Gesellschaftliche Initiativen waren bestrebt, die historischen Ereignisse einzuordnen und zu bewerten, indem sie nach Dokumenten über die Vergangenheit recherchierten und damit den Opfern der Repressionen eine Stimme zu verleihen suchten.[186]

In dieser „carnival of memory"-Periode eröffnete sich die Diskussion über die Errichtung eines Denkmals für die Opfer der Stalinistischen Repressionen. So weckte die Aussicht auf eine zunehmende öffentliche Anerkennung all jener, die unschuldig Opfer des Terrors wurden, eine erstarkende zivile Bewegung.[187]

---

184 Bogumil: Gulag Memories. 2018, S. 6f.

185 Michail Bachtin verwendete diese Bezeichnung in „Tvorčestvo Fransua Rable i narodnaja kul'tura srednevekov'a i Renessansa" (1965) (deutsche Ausgabe: „Rabelais und seine Welt. Volkskultur als Gegenkultur", 1987) vgl. Bogumil: Gulag Memories. 2018, S. 6f.

186 „The carnival of memory was a time of universal awakening and truth-seeking. This search mainly assumed the form of granting witnesses to past events a voice and looking for documents and certificates that provided information about the history of the repressions." Siehe: Bogumil: Gulag Memories. 2018, S. 187.

187 Vgl. Kathleen E. Smith: „Conflict over Designing a Monument to Stalin's Victims: Public Art and Political Ideology in Russia, 1987–1996", in: James Cracraft und

Diese jedoch wich mit dem Zusammenbruch der Sowjetunion im Jahr 1991 existentielleren und aktuelleren Sorgen und Nöten der Menschen. Die Gleichgültigkeit Mitte der 1990er Jahre, „die Wahrheit über ihre Geschichte zu erfahren und vor allem auch zu akzeptieren", sei inzwischen dem Unwillen der Aufarbeitung gewichen. So bestehe heutzutage laut Irina Ščerbakova eine große Kluft zwischen der historischen Forschung und der öffentlichen Meinung zum Stalinismus.[188]

Die gegenwärtige gesellschaftliche Haltung zum Stalinismus und den Repressionen wird zweifellos von der offiziellen staatlichen Geschichtspolitik und Propaganda beeinflusst. Die staatliche Geschichtspolitik speist sich in erster Linie aus dem patriotischen Narrativ des Sieges im Großen Vaterländischen Krieg, ist man sich doch dessen politisch legitimierenden und identitätsstiftenden Potentials stets bewusst. So zählt der 9. Mai als Tag des Sieges zu den bedeutendsten Feiertagen Russlands, wohingegen der 30. Oktober, als „offizieller Gedenktag des politischen Häftlings",[189] eine untergeordnete Rolle einnimmt und hauptsächlich von zivilgesellschaftlichen Akteuren wie Memorial begangen wird. Dennoch griffe die Annahme zu kurz, dass die Erinnerung an die negative Vergangenheit der Sowjetunion zugunsten eines patriotischen Geschichtsbildes, wie es bei den jährlich stattfinden Militärparaden auf dem Roten Platz zum Ausdruck kommt, vollständig unterdrückt wird. Der Stalinismus beziehungsweise der stalinistische Weg, das Land zu regieren, wird offiziell von der russischen Regierung verurteilt. Gleichzeitig verbreitet die russische Führung jedoch ein Narrativ, das die Gewaltherrschaft und die Repressionen als größere „Tragödie" oder „Katastrophe" interpretiert. Ohne die Stalinzeit jemals rechtlich verurteilt oder bewertet zu haben, wird ein Opfergedenken kultiviert.

Als einen großen Schritt auf dem Weg zur offiziellen Verankerung des Andenkens an die Opfer des Stalinismus im öffentlichen Raum interpretiert Ekaterina Makhotina die von der russischen Regierung erlassene Konzeption vom

---

Daniel Rowland (Hrsg.): *Architectures of Russian Identity, 1500 to the Present*. New York 2003, S. 193–203, hier: S. 193.

188 Vgl. Scherbakowa: Zerrissene Erinnerung. 2010, S. 138.

189 Vgl. Kurilo: „Wandel in der Erinnerungslandschaft im heutigen Russland." 2009. S. 147f. Der Ursprung dieses Feiertages geht auf das Jahr 1974 zurück, als im Oktober des Jahres Häftlinge im Permer Lager in den Hungerstreik traten als Zeichen des Protestes gegen politische Repressionen. Vgl. Ekaterina Makhotina: „Räume der Trauer-Stätten, die schweigen. Symbolische Ausgestaltung und rituelle Praktiken des Gedenkens an die Opfer des Stalinistischen Terrors in Levašovo und Sandormorch", in: Jörg Ganzenmüller und Raphael Utz (Hrsg.): *Sowjetische Verbrechen und russische Erinnerung. Orte – Akteure – Deutungen*. Oldenburg 2014. S. 31–58, hier: S. 37.

15. August 2015 zur „Verewigung" des Andenkens an die Opfer politischer Repressionen.[190] Tatsächlich war dies der erste Regierungserlass seit dem von Boris El'cin im Jahre 1993 verabschiedeten Gesetz zur Rehabilitierung der Opfer politischer Repressionen.[191] Dieses Dokument kann als Teil einer neuen staatlichen Erinnerungspolitik gewertet werden, die mit einer verstärkten Aktivität in Projekten zur Erinnerung an die Opfer der Repressionen einhergeht.

5.1. Orte der Erinnerung und zivilgesellschaftliches Gedenken

Grundsätzlich sind Denkmäler physische Konstruktionen, die dazu dienen, an ein spezielles Ereignis oder eine Person zu erinnern. Sie drücken das kollektive Gedächtnis aus und formen es mit. Gleichsam sind sie „signa temporis", die die sozialen, politischen, staatlichen, nationalen oder universellen Werte der Zeit widerspiegeln, in der sie errichtet wurden.[192] Die Initiator:innen eines Denkmals interpretieren mit der Erinnerung an ein spezielles Ereignis und/oder eine Person die Vergangenheit. Gerade politische Umbrüche sind dabei in der Lage, die Bedeutung und Sinnhaftigkeit öffentlicher Denkmalkunst umzuschreiben. Zudem helfen Denkmäler dabei, die kollektive Erinnerung zu verankern und dem Vergessen entgegenzuwirken.[193]

Auf die gesellschaftliche Diskussion über die Offenlegung und Aufarbeitung der stalinistischen Verbrechen in der späten Perestrojka der 1980er folgte die landesweite Errichtung erster Denkmäler für die Opfer der politischen Repressionen aus der Bevölkerung heraus. Die Motivation für die Errichtung dieser Denkmäler formuliert Kathleen Smith treffend:

---

190 Vgl. Pravitel'stvo Rossijskoj Federacii: „Koncepcija gosudarstvennoj politik po uvelikovečeniju žertv političeskich repressij", 15. Avgusta 2015 g. Nr. 1561-r. Verfügbar unter: http://government.ru/docs/19296/ (abgerufen am 18.08.2020).

191 Vgl. Ekaterina Makhotina: „Ein ‚victim turn'? Gesellschaftliche und staatliche Formen der Opfererinnerung in Russland", in: *Totalitarismus und Demokratie 16* (2019), S. 61–74, hier: S. 66–68.

192 Vgl. Bogumil: Gulag Memories. 2018, S. 9. Eine Übersicht der Denkmäler zur Erinnerung an die Opfer des Stalinistischen Terrors findet sich in Anna Kaminsky: Erinnerungsorte an den Massenterror 1937/ 38. Berlin 2007.

193 Vgl. Smith: „Conflict over Designing a Monument to Stalin's Victims". 2003, S.1 93. Zur Zerstörung von Denkmälern und zu Denkmalstürzen in gesellschaftlichen und politischen Umbrüchen siehe: Winfried Speitkamp (Hrsg.): *Denkmalsturz. Zur Konfliktgeschichte politischer Symbolik*. Göttingen 1997.

> If the victims of Stalin were immortalized in metal or stone, perhaps it would be harder to officially 'forget' them, as had happened after Nikita Khruschev fell from power in 1964. Moreover, the authorities' permission for a memorial would equal and acknowledge that those arrested under Stalin were innocent.[194]

Diese zunächst temporär errichteten „memory markers“[195] (beispielsweise Kreuze oder Erinnerungstafeln) stellte man in der Hoffnung auf, dass sie bald von großen Denkmälern und Gedenkkomplexen abgelöst werden würden. Die einfach gehaltenen Erinnerungszeichen – die oftmals religiöse oder nationale Symboliken aufgriffen – wurden überwiegend an ehemaligen GULag-Friedhöfen oder an Orten errichtet, an denen Massentötungen stattgefunden hatten. Sie zielten darauf ab, die Erinnerung an die Verstorbenen wachzuhalten und ihnen Anerkennung zu zollen.[196] Diese „memory markers“ sind am häufigsten in Form von großen Gedenksteinen oder Kreuzen anzutreffen. Darüber hinaus bediente man sich häufig an bekannten Motiven der Kriegsdenkmäler, da Ende der 1980er Jahre noch keine Vorbilder für Gedenkstätten für die Opfer der Repressionen existierten. Aussparungen als gestalterisches Motiv finden sich vornehmlich bei Denkmälern für die Opfer der Repressionen. Die Hauptbedeutung der Aussparungen in Form einer Leerstelle, eines Kreuzes oder eines Umrisses einer menschlichen Figur impliziert das Fehlen der verstorbenen Person. Dabei können solche Leerstellen auch die Fotografien der Opfer, die in den Familienalben ausgeschnitten wurden, symbolisieren. Wenn in der Zeit des Stalinismus auf Gruppen- und Familienfotos ein Mensch zu sehen war, der später Opfer der Repressionen wurde, schnitt man dessen Foto oftmals aus oder schwärzte es gänzlich, um im Falle einer Durchsuchung nicht mit dem „Volksfeind“ in Verbindung gebracht zu werden.[197]

Eines der bedeutendsten Denkmäler für die Opfer der Repressionen ist der *Soloveckij*-Stein auf dem Moskauer Lubjanka-Platz gegenüber des ehemaligen KGB-Hauptgebäudes. Der Gedenkstein wurde am 30. Oktober 1990 auf Initiative Memorials errichtet, nachdem er eigens von den *Soloveckij*-Inseln herbeigeschafft worden war. Der Granitblock war zu diesem Zeitpunkt eines der ersten Mahnmale Russlands zum Gedenken an die Opfer der stalinistischen Herrschaft und wird noch heute als Gedenk- und Versammlungsort genutzt.[198]

---

194 Ebd., S. 195.

195 Vgl. Zuzanna Bogumil, Gulag Memories, S. 9.

196 Vgl. Bogumil: Gulag Memories. 2018, S. 187f.

197 Vgl. Natal'ja Konradova: „Suche nach der Form. Gulag-Denkmäler in Rußland“, in: *Osteuropa* 57, 6 (2007), S. 421–439, hier: S. 425 und S. 428.

198 Vgl. Lezina: „Memorial und seine Geschichte.“ 2014, S. 172.

Die vielfach konstatierte Hybridität[199] der russischen Erinnerungskultur tritt besonders an den diversen Erinnerungsorten zu den Stalinistischen Repressionen zu Tage. Hier zeigt sich, dass am Erinnerungsprozess verschiedene Akteure beteiligt sind, deren Deutungen sich zwar nicht zwangsläufig gegenüberstehen, aber dennoch miteinander konkurrieren. Hauptbeteiligte im Gedenken an die Opfer der Repressionen sind neben zivilgesellschaftlichen Verbänden die russisch-orthodoxe Kirche sowie der Staat. So verdeutlicht sich beispielsweise an den *Soloveckij*-Inseln die Komplexität des Erinnerungsprozesses aufgrund fundamental unterschiedlicher Ideologien der beteiligten Akteure. Während die russisch-orthodoxe Kirche nur die Errichtung von Kreuzen befürwortete, distanzierten sich die lokale Memorial Zweigstelle und das Museum von dieser Form der Erinnerung.[200] Es entstanden und entstehen somit „hybride Erinnerungsorte", an denen sich kirchliche mit sowjetischen Symbolen verbinden.[201] Gemein haben all diese Orte jedoch, dass sie keine klare politische Aussage enthalten und demzufolge als Zeichen eines „entpolitisierten Gedenkens" zu bewerten sind.[202]

Die prominentesten Orte im Gedenken an die politischen Repressionen sind das Moskauer GULag-Museum sowie Perm-36. Letzteres stellt das einzige Museum in Russland dar, das sich auf dem Gelände eines ehemaligen Lagers befindet. Obwohl das Moskauer GULag-Museum staatlich unterstützt wird und somit auf eine neue Richtung in der russischen Gedächtnispolitik verweist, hat es in der russischen Bevölkerung noch keine große Bedeutung gewonnen, da es überwiegend von ausländischen Tourist:innen besucht wird.[203] Bezeichnenderweise findet häufig eher an den Orten des Geschehens, jenseits der Metropolen Moskau und Sankt Petersburg, eine rege Auseinandersetzung mit der Vergangenheit statt. Dies ist vor allem dort der Fall, wo Memorial aktiv ist und ein lokales Interesse an der Deutung historischer Ereignisse herrscht, wie beispielsweise im Museum Perm-36.[204] „Individuelle Trauerarbeit" scheint jedoch

199 Vgl. Kurilo: „Wandel in der Erinnerungslandschaft im heutigen Russland." 2009, S. 155.

200 Vgl. Bogumil: Gulag Memories. 2018, S. 191.

201 Vgl. Kurilo: „Wandel in der Erinnerungslandschaft im heutigen Russland." 2009, S. 155.

202 Vgl. Makhotina: „Ein ‚victim turn'?". 2019, S. 70.

203 Vgl. Kurilo: „Wandel in der Erinnerungslandschaft im heutigen Russland." 2009, S. 147.

204 Vgl. ebd. S. 148. Ein weiteres eindrucksvolles Beispiel für einen zivilgesellschaftlich gestalteten Erinnerungsort, der sich an einem historischen Lagerstandort befindet, ist das sogenannte Museum ohne Guide *Stvor* im Permer Umland. Das kreative

weniger an den Orten ehemaliger Lager als an Friedhöfen, auf denen Opfer des Massenterrors in den 1930er Jahren begraben wurden, stattzufinden. Dort markieren Angehörige die Gräber mit individuellen Symbolen, oftmals sind es, wie bereits erwähnt, Kreuze oder Fotografien der Verstorbenen.[205] Die Fotografien fungieren demnach als „Füllen der Leerstelle", die die Verstorbenen hinterlassen haben. Dies wiederum steht den in den Denkmälern auf ästhetische Weise verarbeiteten Lücken und Aussparungen gegenüber.

Der lang existenten Forderung nach einem staatlichen Denkmal für die Opfer der Repressionen wurde, so scheint es, mit der medienwirksamen Eröffnung der *Stena skorbi* (dt. Wand der Trauer) am 30. Oktober 2017 in Moskau von Präsident Vladimir Putin Genüge getan. Zuzanna Bogumil interpretiert die Errichtung des staatlichen Denkmals als ein neues Kapitel in der russischen Erinnerungskultur, das durch eine „top-down framing of memory" und die Stärkung staatlich geförderter Gedächtnisdiskurse gekennzeichnet sei.[206] Tatsächlich ist die Wand der Trauer das erste Großprojekt der Stiftung „Verewigung des Andenkens an die Opfer der politischen Repressionen", [207] die der russische Staat im Zuge der bereits genannten Konzeption zur Erinnerung an die Opfer politischer Repressionen im Jahr 2015 etablierte.[208] Das Denkmal ist vor allem aufgrund seiner

---

Freilandmuseum wurde in den 1990er Jahren von Memorial Perm gegründet. Gegenwärtig wird der Ort vor allem von Tourist:innen, die das Uralgebiet auf dem Wasserweg erkunden, besucht. Im Rahmen jährlicher Sommercamps für Jugendliche aus dem In- und Ausland pflegt und erweitert Memorial Perm den Ort stetig. Wie sich eine künftige Weiterführung solcher Aktionen gestalten wird, bleibt aufgrund der erzwungenen Auflösung Memorials ungewiss. Siehe hierzu: Larissa Borck, Melanie Hussinger, Hauke Jacobs, Julia Schulte-Werning, Johanna Werner und Gero Wollgarten: „Stvor – Testimony to the Soviet Union's forced labour system", in: *europeana*, 27. November 2020. Verfügbar unter: https://www.europeana.eu/de/blog/stvor-testimony-to-the-soviet-unions-forced-labour-system (abgerufen am 20.05.2022).

205 Vgl. Ganzenmüller und Utz: „Exkulpation und Identitätsstiftung." 2014, S. 9–12.

206 Vgl. Bogumil: Gulag Memories. 2018, S. 202–204.

207 Die selbst ausgewiesenen Arbeitsbereiche der Stiftung sind u.a. die Unterstützung des Moskauer GULag-Museums, die Unterstützung der Repressionsopfer, die Schaffung von Gedenkmuseen und Gedenkstätten sowie Forschungs- und Bildungsprojekte. Vgl. „Pamjat' o žertvach političeskich repressij ob "edinjaet i primirjaet rossijskoe obščestvo, ukrepljaet čuvstvo otvetstvennosti za sebja i gosudarstvo", in: *Fond Pamjati*. Verfügbar unter: http://memoryfund.ru/ (abgerufen am 18.08.2020).

208 Am 30. September 2015 unterzeichnete Putin einen Erlass zur Errichtung eines Denkmals für die Opfer der politischen Repressionen in Moskau nach dem Projektentwurf „stena skorbi" von Gerorgij Franguljan. Vgl. Prezident Rossii: „Ukaz Presidenta Possijskoj Federacii ot 30.09.2015 g. Nr. 487. O voszvedenii memoriala

Komposition und Größe bedeutend,[209] befindet es sich doch an der Kreuzung des Prospekts Sacharov und dem Sadovogo kol'ca (dt. Gartenring), einem Ort in Moskau, der wenig von Fußgänger:innen frequentiert wird und in keinerlei Verbindung zu den Stalinistischen Repressionen steht. Dies bekräftigt die Vermutung, dass in der Errichtung des Denkmals vielmehr ein notwendiger, jedoch halbherziger Schritt der Regierung, als ein wirkliches Bekenntnis für die Schattenseiten der sowjetischen Vergangenheit zu sehen ist. Daneben wirft das im Denkmal eingemeißelten Verb *prosti* (dt. vergieb) die dringliche Frage auf, ob nicht zuerst eine Verurteilung der Täter:innen stattfinden müsste, bevor die Gesellschaft und insbesondere die noch lebenden Opfer der Repressionen verzeihen könnten. Eingebracht sei hier der Verweis Etkinds: „By building monuments to its former (real or imaginary) enemies and (very real) victims, the state demonstrates the disruption of its political tradition."[210] Eine solch gewollte Unterbrechung der politischen Tradition durch die Errichtung der Wand der Trauer wirft der russische Journalist und Menschenrechtsaktivist Aleksandr Podrabinek dem russischen Staat vor. Hiernach verfolge die Regierung das Ziel, politische Unterdrückungen in die Vergangenheit zu verorten. Damit werde impliziert, dass keinerlei Beziehungen zu diesen Repressionen bestünden und sie zu verurteilen seien. Doch gerade jetzt sei es unangemessen, ein Denkmal für politische Gefangene zu errichten, wo noch immer politische Gefangene existieren würden, so Podrabinek.[211] Diese Kritik gipfelte schließlich in einer Erklärung ehemaliger sowjetischer Dissident:innen, in der sie die Eröffnung des Denkmals als „Heuchelei" und „Zynismus" kritisierten.[212]

žertvam političeskich repressij". Verfügbar unter: http://kremlin.ru/acts/bank/40063 (abgerufen am 17.08.2020).

209 Vgl. Viktorija Odissonova: „‚Stena skorbi', kak sozdajut pervyj v Rossii monument žertvam massovych repressij, in: *Novaja Gazeta*, 31. Mai 2017. Verfügbar unter: https://novayagazeta.ru/articles/2017/05/31/72649-stena-skorbi (abgerufen am 18.08.2020).

210 Aleksandr Etkind: „Hard and Soft in Cultural Memory: Political Mourning in Russia and Germany", in: *Grey Room*, 16 (2004) Memory/History/Democracy, S. 36–59, hier: S. 41.

211 Vgl. Medvedev: „Vojny za pamjat'" [Interview mit Anna Narinskaja und Jan Račinskij], in: *Radio Svoboda*, 7. November 2018 sowie Sergej Parchomenko: „O čem molčit ‚Stena skorbi'", in: *Ėcho Moskvy*, 28. Oktober 2017. Verfügbar unter: https://ok.ru/echomskru/topic/67289399959582 (abgerufen am 18.08.2020).

212 Vgl. „Byvšie sovetskie politzeki: Otkrytie ‚Stena skorbi' – licemerie", in: *Grani.ru*, 30. Oktober 2017. Verfügbar unter: https://graniru.org/Politics/Russia/Politzeki/m.265179.html#full (abgerufen am 18.08.2020).

Am 20. November 2017 fand die offizielle Einweihung eines weiteren staatlichen Denkmals statt: Die *Maska skorbi* (dt. Maske der Trauer) in Ekaterinburg. Aufgrund von Finanzierungsschwierigkeiten hatte das Monument knapp 20 Jahre auf seine Vollendung gewartet. Es wurde bereits im Jahre 1996 auf einem Berghang in Magadan von Ėrnst Neizvestnyj[213] errichtet.[214] Auch hier gibt das Substantiv „Trauer“ Aufschluss darüber, dass es bei der Erinnerung an die Opfer der Repressionen das reine Betrauern der Toten im Vordergrund steht.

All diese Skulpturen, Denkmäler, Kreuze oder Gedenksteine verewigen folglich die Erinnerung an die Opfer des Terrors. Es existieren daneben kaum Darstellungen, die sich dem Verbrechen oder den Verbrechern widmen, die mit dieser Erinnerung verbunden sind.[215]

Wie bereits an einigen Stellen deutlich wurde, ist das Schaffen der Menschenrechtsorganisation Memorial als maßgebend in der Erinnerung an den Stalinistischen Terror auf zivilgesellschaftlicher Ebene zu werten. Wegweisend für die Einordnung der historischen Ereignisse durch die Nichtregierungsorganisation sind die 2007 zum 70. Jahrestag des Großen Terrors herausgegebenen Thesen zum Jahr 1937 und der Gegenwart. Darin fordert die Organisation eine rechtliche Bewertung des Großen Terrors und eine umfassende Aufarbeitung der Vergangenheit, da die „Katastrophe“ in das individuelle und kollektive Unterbewusstsein der Menschen eingegangen sei und aktuelle staatliche Praktiken sowie Haltungen in der Bevölkerung präge. Darüber hinaus belegt Memorial den Staat mit der Pflicht, in seinem Namen ein zentrales Denkmal für Opfer des Terrors in Moskau zu errichten, ein zentrales russländisches Museum zur Geschichte des Staatsterrors zu schaffen, sowie landesweite Gedenkzeichen und Gedenktafeln an Orten, die mit der Infrastruktur des Terrors verbunden sind, anzubringen.[216] Obgleich Memorial eine rechtliche Aufarbeitung der stalinistischen Verbrechen fordert, verbreitet die NGO weiterhin das Narrativ einer „Katastrophe“ größeren Ausmaßes, deren Verantwortlicher der anonyme Staat beziehungsweise Stalin gewesen sei. Dabei scheint die Tätigkeit zur Aufarbeitung der Verbrechen anders

---

213 Ėrnst Neizvestnyj (1925–2016) war ein sowjetischer bzw. russischer Bildhauer, der für sein Werk u.a. mit dem Staatspreis der Russischen Föderation ausgezeichnet wurde.

214 Vgl. Katie Marie Davies: „New monument to Stalin's victims unveiled after 27-year wait in“, in: *The Calvert Journal*, 20. November 2017. Verfügbar unter: https://www.calvertjournal.com/articles/show/9241/monument-stalin-victims-repression-Neizvestny (abgerufen am 18.08.2020).

215 Vgl. Roginsky: „The Embrace of Stalinism“, in: *openDemocracy*, 16. Dezember 2008.

216 Vgl. Memorial: „Das Jahr 1937 und die Gegenwart. Thesen von Memorial“, in: *Osteuropa* 57, 6 (2007), S.387–394.

konzipiert zu sein als das Gedenken an die Opfer. Im zweiten Fall sind gerade die Namen der Opfer inklusive des Anspruches, möglichst viele derselben zu nennen wichtig.[217]

Dem Opfernarrativ folgend organisiert Memorial seit dem Jahr 2007 das Projekt *Vozvraščenie imën* (dt. Rückgabe der Namen). Dieses findet jährlich am 29. Oktober, dem Vorabend des Gedenktages des politischen Häftlings, statt. Bei dieser Aktion verlesen Freiwillige, die sich mitunter zwölf Stunden in einer Schlange vor dem *Soloveckij*-Stein in der Nähe des Lubjanka Platzes anstellen, die Namen von Personen, die Opfer des politischen Terrors in der Sowjetunion wurden.[218] Ähnlich wie an den Erinnerungsorten, beispielsweise auf Friedhöfen für die Repressionsopfer, betreiben hier die Freiwilligen eine Individualisierung des Gedenkens. Dies drückt sich in einem Sichtbarmachen der Verstorbenen, dem Füllen der durch sie hinterlassenen Leerstellen, aus. Der leere, namenslose Terror wird individualisiert und etwas greifbarer gemacht. Durch Aktionen wie diese macht es sich Memorial explizit zur Aufgabe, möglichst viele Opfer beim Namen zu nennen und somit deren Vergessen entgegenzuwirken.

Gleichzeitig wird bei der Täterforschung mit Namensnennungen sparsam und vorsichtig umgegangen. „Die Wahrheit über die staatlichen Verbrechen auf der Täterseite", so Anna Schor-Tschundnowskaja, erweise sich als viel komplexer und schwerer zugänglich als das Auffinden von Opfern und ihrer Schicksale.[219] Als Beispiel hierfür ist die bereits vorgestellte Datenbank *Žertvy političeskogo terrora v SSSR*[220] (dt. Opfer des politischen Terrors in der UdSSR) zu nennen. Diese enthält zwar auch Angaben zu und Namen der Täter:innen der Repressionen und des GULag-Systems, jedoch wird darauf nicht explizit hingewiesen.[221]

Auch Jörg Ganzenmüller und Raphael Utz vertreten die Meinung, dass die Organisation nicht das Ziel verfolge, eine Diskussion über die Verantwortlichen der stalinistischen Verbrechen und eine Auseinandersetzung mit der Schuld Einzelner anzustoßen, da man die sowjetische Führung als eigentlichen Schuldigen

---

217 Vgl. Anna Schor-Tschudnowskaja: „Aktivisten des Andenkens. Die Gesellschaft Memorial", in: Jörg Ganzenmüller und Raphael Utz (Hrsg.): *Sowjetische Verbrechen und russische Erinnerung. Orte – Akteure – Deutungen*. Jena 2014, S. 137–160, hier: S. 145.

218 „Vozvraščenie imën". Verfügbar unter: https://october29.ru/ (abgerufen am 18.08.2020).

219 Vgl. Anna Schor-Tschudnowskaja: „Aktivisten des Andenkens." 2014, S. 145.

220 Vgl. „Žertvy političeskogo terrora c SSSR", in: *Memorial*. Verfügbar unter: https://base.memo.ru/ (Zuletzt aufgerufen am 21.08.2020). Siehe Kapitel 5.1.

221 Vgl. Schor-Tschudnowskaja: „Aktivisten des Andenkens." 2014, S. 145.

bewerte.[222] Anna Schor-Tschudnowskaja stellt für das Zurückstellen der Täterfrage einen Erklärungsansatz bereit, der beinhaltet, dass für die „Überwindung des totalitären Traumas" eine gesellschaftliche Konsolidierung und Versöhnung essentiell sei. Dafür erscheine wiederum das kollektive Mitleid mit den Opfern wichtiger als die Frage nach den Täter:innen.[223]

Ungeachtet dessen publizierte Memorial unter Leitung Jan Račinskijs im Jahr 2016 eine weitere online zugängliche Datenbank[224] mit Angaben zu Mitarbeitern der staatlichen Sicherheitsorgane der UdSSR der Jahre 1935–1939. Diese stellt bis heute die vollständigste Liste der Angehörigen des NKVD während des Großen Terrors dar und löste ein enormes mediales Echo aus.[225] Daneben existiert ein zusätzliches Projekt, das zumindest darauf abzielt, möglichst viele Orte des Terrors im Stadtraum (Moskaus) offenzulegen. Das Projekt *Topografija terrora* stellt eine virtuelle Karte Moskaus bereit, in der verschiedene Orte markiert sind, die allesamt in Zusammenhang mit dem staatlichen Terror stehen. Beim Anklicken der Punkte erfährt man von deren Historie, so beispielsweise über die Orte von Massenerschießungen.[226] Folglich steht zwar die Geschichte der Opfer des Terrors in der Erzählung Memorials klar im Vordergrund, doch wird, wenn auch partiell, die Frage nach den Täter:innen, eine für die russische Geschichtskultur noch überaus unübliche Perspektive,[227] aufgegriffen.

Gleichsam prägen einzelne Aktivist:innen die gegenwärtige russische Erinnerungskultur mit. So der inzwischen zu großer Bekanntheit gelangte Jurij Dimitriev. Dimitriev leitete die karelische Memorial Zweigstelle und hatte es sich seit Ende der 1980er Jahre zur Aufgabe gemacht, Namen der Opfer des Großen Terrors in Karelien zu sammeln und zu publizieren sowie in umfassender Eigenarbeit anonyme Massengräber des sowjetischen Terrors freizulegen. Daneben machte er die größte der bislang bekannten Erschießungsstätten *Sandormoch*[228]

222 Vgl. Ganzenmüller und Utz: „Exkulpation und Identitätsstiftung." 2014, S. 13.

223 Anna Schor-Tschudnowskaja: „Aktivisten des Andenkens." 2014, S. 148.

224 „Kadrovyj sostav organov gosudarstvennoj bezopasnosti SSSR. 1935–1939". Verfügbar unter: nkvd.memo.ru (abgerufen am 18.08.2020).

225 Vgl. Semen Šešenin: „‚Zakrytyj spisok' Interv'ju s Janom Račinskim", in: *Urok istorii XX vek*, 18. Juli 2016. Verfügbar unter: https://urokiistorii.ru/article/53342 (abgerufen am 18.08.2020).

226 Vgl. „Ėto prjamo zdes': Moskva. Topografija terrora", in: *Meždunarodnyj Memorial.* Verfügbar unter: https://topos.memo.ru/ (abgerufen am 18.08.2020).

227 Vgl. Fein: „Die Gesellschaft Memorial und die post-sowjetische Erinnerungskultur". 2009, S. 175.

228 Von 1937 bis 1938 Schauplatz von Massenerschießungen im Nordwesten der UdSSR. Unterlag als Standort einer der größten Massenbegräbnisstätten des NKVD

ausfindig, wo sich seit 1997 dank seiner Arbeit eine Gedenkstätte befindet. Seit 2016 steht er jedoch unter dem Vorwurf von Sexualstraftaten, die er gegenüber seiner Pflegetochter begangen haben soll, unter Anklage. Das Vorgehen von behördlicher Seite und der Verlauf des Prozesses geben Grund zur Vermutung, dass es sich um ein konstruiertes Verfahren handelt, weshalb Memorial Dimitriev inzwischen zum politischen Gefangenen erklärt hat. Demnach lässt sich der Fall als Unterdrückung des Staates von zivilgesellschaftlichem Engagement, das sich die Erinnerung an die Schattenseiten der Vergangenheit zur Aufgabe gemacht hat, interpretieren.[229]

Ein letzter bedeutender Aspekt des zivilgesellschaftlichen Erinnerns ist der Zugang zur historischen Erinnerung über die persönliche, familiäre und konkrete Erfahrung. Dies speist sich aus einer „Tendenz zur Individualisierung" der gegenwärtigen russischen Erinnerungskultur, die neue Formen der Erinnerung hervorbringt und sich auch in der Kriegserinnerung manifestiert.[230] So etwa die zunächst aus der Bevölkerung initiierte Aktion *Bessmertnij Polk* (dt. Unsterbliches Regiment).[231] Hierbei ziehen Freiwillige am Tag des Sieges mit Fotographien ihrer Groß- oder Ur-Großeltern durch russische Städte. Dies deckt sich mit der Feststellung Irina Ščerbakovas, dass Aufklärungsarbeit zum Stalinismus und zu den Repressionen nach der heutigen Erfahrung Memorials nur dann wirke, wenn sie konkret sei, beispielsweise bei Gedenktafeln für einzelne

---

jahrzehntelang der Geheimhaltung. Vgl. Ekaterina Makhotina: „Räume der Trauer-Stätten, die schweigen." 2014, S. 31.

229 Vgl. o.A.: „Der Fall Jurij Dmitriev. Dokumentation", in: *Osteuropa* 69, 12 (2019), S. 71–75. Inzwischen existieren eine Petition Memorials sowie ein Statement der EU vom 27. Mai 2020, in welchen die Freilassung Dimitrievs gefordet wird. Vgl. „Pis'mo inostrannych učenych i dejatelej iskusstva v zaščitu Jurija Dmitrieva", in: *Meždunarodnyj Memorial*, 3. Juni 2020. Verfügbar unter: https://www.memo.ru/ru-ru/memorial/departments/intermemorial/news/407?fbclid=IwAR0TaE1OgIude7AE2IV-NHOomkls4TbQKnPBsyPLI64YfJqklE6vPzfW2xn0 (abgerufen am 18.08.2020) und „EU Statement on the case of Yuri Dmitriev", in: *Delegation of the European Union to the Council of Europe*, 27. Mai 2020. Verfügbar unter: https://eeas.europa.eu/delegations/council-europe/79970/eu-statement-case-yuri-dmitriev_en, die (abgerufen am 18.08.2020).

230 Vgl Makhotina: „Ein ‚victim turn'?". 2019, S. 72.

231 Siehe hierzu die offizielle Webseite der Initiative. Dort werden außerdem individuelle Lebensgeschichten von Soldat:innen, die im „Großen Vaterländischen Krieg" gedient haben, gesammelt. Vgl. „Bessmertnyj polk". Verfügbar unter: https://www.moypolk.ru/ (abgerufen am 18.08.2020).

Persönlichkeiten, oder, wenn sich eine kleine Stadt daran beteilige, Schicksale von Landsleuten zu erforschen.[232]

5.2. Ein neues Gedenkritual im öffentlichen Raum

Der Anthropologe Stephan Feuchtwang spitzt zu: „Ritual creates a memory, and when it is repeated, it is reinforced."[233] Zweifellos nimmt das gemeinsame Anbringen der Gedenkschilder an Häuserwänden der letzten Adresse der Repressierten eine zentrale Bedeutung für Poslednij Adres ein, da die Kurator:innen „die Zeremonie in ein großes Ereignis verwandeln".[234] Rituale, die eine Reihe möglicher Exegesen zulassen, begünstigen es, Erinnerungen zu verbinden und Anlässe zum Teilen dieser Erinnerungen zu schaffen. Vor allem schreiben sich spezifische Geschichten durch Rituale und Mythen in Landschaften ein.[235] Darüber hinaus würden neue Denkmäler, so Kathleen Smith, als physische Zentren für neue Rituale fungieren, die wiederum Organisationen und neue gemeinsame Interpretationen der Vergangenheit fördern können.[236] Vergleicht man in diesem Kontext die Erinnerungszeichen der Poslednij Adres mit „neuen Denkmälern", ist es essentiell, dass erst der entstehende Diskurs über diese neuen physischen Marker es ermöglicht, dass diese Eingang in die Erinnerungskultur erhalten. Beachtenswert ist daneben Sandra Petermanns Studie „Rituale machen Räume", in der sie konstatiert, Gedenkrituale gestalteten einen äußeren Rahmen, in dem die Erinnerung an bestimmte Situationen, Momente und Orte leichter hervorgerufen werden könnten.[237]

Am zentralen, touristisch frequentierten Moskauer Arbat eröffnete am 8. Mai 2017 Michail Šnejker, wissenschaftlicher Mitarbeiter der Poslednij Adres, eine Anbringungszeremonie mit der Aussage, heute würden vier Gedenkschilder für „Opfer des Terrors" angebracht werden.[238] Die Verwandten der

232 Vgl. Scherbakowa: Zerrissene Erinnerung. 2010, S. 138.

233 Stephan Feuchtwang: „Ritual and Memory", in: Susannah Radstone und Bill Schwarz (Hrsg.): *Memory. Histories, Theories, Debates*. New York 2010, S. 281–298, hier: S. 284.

234 Mailinterview der Autorin mit Aleksandr Černyšov vom 28. Mai 2020.

235 Vgl. Feuchtwang: „Ritual and Memory". 2010, S. 285f. und S. 289.

236 Vgl. Smith: „Conflict over Designing a Monument to Stalin's Victims". 2003, S. 195.

237 Vgl. Sandra Petermann: Rituale machen Räume. Zum kollektiven Gedenken der Schlacht von Verdun und der Landung in der Normandie. Bielefeld 2007, S. 23.

238 Vgl. Proekt Poslednij Adres: „Moskva, Arbat, dom 30, str 1", in: *Youtube*, 8. Mai 2017. Verfügbar unter: https://www.youtube.com/watch?v=yMdBGB9vkFs [01:01-01:02] (abgerufen am 18.08.2020).

Opfer hätten den Akt initiiert. Šnejker nennt die Namen der vier Verstorbenen, deren Beruf zum Zeitpunkt der Verhaftung, die Verhaftungs- und Erschießungsdaten sowie jene der Rehabilitierungen. Im Hintergrund sind die Klänge der Arbat-Musiker:innen zu hören, die seine Worte leicht übertönen. Sie erinnern die Videozuschauer:innen daran, dass die Aktion inmitten der großstädtischen Öffentlichkeit stattfand hat und von einem regen Treiben begleitet wurde.[239] Im Anschluss kommt die Initiatorin eines der Schilder zu Wort. Über das Leben und die Umstände der Hinrichtung ihres Großonkels weiß Oksana Malčenka einige Hintergrundinformationen zu berichten: Im November 1930 sei Aleksandr Malčenko[240] erschossen worden, wobei sein tragisches Schicksal durch seine einflussreichen Freunde hätte verhindert werden können. Die abwendbaren Tragödien Einzelner hätten sich der Deutung der Rednerin nach schließlich zum Großen Terror entwickelt. Es sei eine Schande und man könne nur hoffen, dass es sich nie wiederhole. Dokumente aus dem Familienbesitz, die die Exekution Malčenkos durch den NKVD belegen, wurden den Teilnehmenden zur Ansicht angeboten.[241] Abschließend wurde das Schild an der Fassade befestigt, wobei jede:r der Anwesenden die Möglichkeit zur Mitwirkung erhielt. Als Trauerschmuck fügte man eine rote Nelke hinzu.[242]

Bei der beschriebenen Zeremonie zeigt sich die Verbreitung der individuellen Familienerinnerung innerhalb der Erinnerungsgemeinschaft – untermauert durch die historischen Dokumente. Bedeutend ist bei der durch Poslednij Adres geschaffenen öffentlichen Erinnerung die individuelle Erinnerung der einzelnen Teilnehmer:innen – „Those who make the effort to remember collectively bring to the task their private memory",[243] legt Jay Winter dar. Durch die öffentlichen

---

239 Vgl. ebd. [00:32–03:42].

240 Der langjährige Verwaltungsbeamte Aleksandr Malčenko wurde 1929 im Zuge einer innerbehördlichen Säuberungskampagne verhaftet. Nach einem Jahr und mehreren Verhören lieferte er ein Geständnis ab und wurde im Alter von 60 Jahren zum Tode verurteilt. Seine Rehabilitierung erfolgte im Jahre 1958. Vgl. „Moskva, Arbat, dom 30, str 1", in: *Poslednij adres*, 30. April 2017. Verfügbar unter: https://www.poslednyadres.ru/news/news436.htm (abgerufen am 22.08.2020).

241 Vgl. Proekt Poslednij Adres: „Moskva, Arbat, dom 30, str 1", in: *Youtube*, 8. Mai 2017. Verfügbar unter: https://www.youtube.com/watch?v=yMdBGB9vkFs [03:42-05:17] (abgerufen am 18.08.2020).

242 Vgl. ebd. [06:47–08:32].

243 Jay Winter und Emmanuel Sivan: „Setting the framework", in: Jay Winter und Emmanuel Sivan (Hrsg.): *War and Remembrance in the Twentieth Century*. New York 1999, S. 6–39, hier: S. 9f.

Anbringungszeremonien wird die Möglichkeit geboten, individuelle Erinnerungen zu teilen. Dies lasse sich so auch bei privaten Trauerritualen wiederfinden, die sich überwiegend an Friedhöfen abspielen: „[…] a ritual of separation, wherein touching a name indicates not only what has been lost, but also what has not been lost. Visitors to such memorials frequently leave flowers, notes, objects, which serve as a focus of a ritual exchange. The dead have given everything; the living symbolically or tangibly, offer something in return."[244] Deutliche Parallelen zu „klassischen" Trauergedenkritualen liegen folglich vor. Es besteht Grund zur Annahme, dass die *letzten Adressen* der Repressierten für die Hinterbliebenen funktionale Ähnlichkeiten zu einem Grab aufweisen.

Ein weiteres Eröffnungsritual fand abseits der russischen Hauptstadt im Oblast' Vladimir am 20. Februar 2020 statt. Larisa Buz'ko, die Direktorin der örtlichen Bibliothek, begrüßt die versammelte Menge mit den Worten, dass es Hoffnung für die Zukunft gebe und man sich freue, dass die internationale Aktion Poslednij Adres nun auch im Oblast' Vladimir aktiv sei. Solange die Erinnerung existiere, gebe es gleichzeitig einen Verbindungsfaden zwischen den Generationen. Die durch Poslednij Adres praktizierte Erinnerung sei notwendig, damit sich Vergangenes nicht wiederholen könne. Besondere Betonung legt Buz'ko darauf, dass es sich bei den Schildern um „Gedenk-*Informations*zeichen"[245] handle.[246] Als zweiter Redner übernahm der Historiker und Redakteur Nikita Sokolov das Wort. Vladimir sei nun die 56. Stadt des Projekts und das Schild für Alexander Tukallo[247] das 1000. Zeichen in Russland, wofür er Applaus aus der Menge erhält. Sokolov interpretiert das Schild als „Zeichen des Einverständnisses". Es bedeute, dass die Bewohner:innen und Eigentümer:innen sich einig

244 Ebd. S. 38.

245 Vgl. Proekt Poslednij Adres: „Vladimirskaja oblast', Gorochovec, ulica Lenina, 21 – Aleksandr Mečislavovič Tukallo", in: *Youtube*, 10. Februar 2020. Verfügbar unter: https://www.youtube.com/watch?v=XJCklX3AXFM&feature=emb_title [00:54-00:55] (abgerufen am 18.08.2020).

246 Vgl. ebd. [00:47–03:17].

247 Der Tagelöhner Alexander Tukallo war erstmalig im Jahr 1930 unter dem Vorwurf der Organisation konterrevolutionärer Versammlungen ins Fadenkreuz der sowjetischen Ermittler geraten und hatte eine fünfjährige Haftstrafe verbüßt. Während seiner zweiten Lagerhaft wurde im September 1937 das Todesurteil ausgesprochen und zwei Monate später vollstreckt. Im Jahr 1994 wurde Tukallo vollständig rehabilitiert. Vgl. „Vladimirskaja oblast', Gorochovec, ulica Lenina, 21", in: *Poslednij adres*, 7. Februar 2020. Verfügbar unter: https://www.poslednyadres.ru/news/news1011.htm (abgerufen am 18.08.2020).

und gleichzeitig bereit seien, sich zu erinnern.[248] Auch er betont ausdrücklich, dass es keine „Gedenktafel", sondern ein „Informationszeichen" sei.[249] Die Initiatorin des Schildes, Alina Tukallo, schloss sich mit einigen kurzen Worten zur Verhaftung und Verurteilung sowie der Rehabilitierung ihres Großonkels an.[250] Am Ende der Zeremonie bittet die Angehörige Historiker:innen, Journalist:innen oder Archivmitarbeiter:innen, die bei ihren Recherchen auf den Namen „Tukallo" stoßen, ihr die gefundenen Informationen weiterzuleiten, damit es „irgendwann eine Familiengeschichte gibt".[251] Mit einem Gruppenfoto endet die Versammlung. Gefilmt werden am Ende des Videos vorbeiziehende Passant:innen, die stehen bleiben, um das neu aufgehängte Schild aufmerksam zu lesen.[252]

Die in regelmäßigen Abständen stattfindenden öffentlichen Zeremonien zur Installation der Gedenkschilder folgen alle einem ähnlichen Muster. Dabei versammelt sich eine stets unterschiedlich große Gruppe vor einem öffentlichen oder privaten Gebäude, das die *letzte Adresse* der zu erinnernden Person ist. Eröffnet werden die Zeremonien von lokalen Memorial-Mitarbeiter:innen, Bürgeraktivist:innen oder Kurator:innen der Poslednij Adres, oder aber Personen, die nicht direkt in die Organisationen involviert sind, sich jedoch am historischen Gedenkprozess beteiligen, wie etwa örtliche Bibliotheks- oder Archivvorsteher:innen. Vor allem in Moskau moderierte Sergej Parchomenko meist persönlich. Der Kurator der Permer Zweigstelle der Poslednij Adres, Aleksandr Černyšov, betont, dass die Beteiligten angehalten sind, wenn möglich, Fotos der Unterdrückten sowie Kopien von Dokumenten mitzubringen, um deren Geschichte plastischer darzustellen. Die Teilnehmenden der Zeremonien sind in der Regel Journalist:innen, lokale Historiker:innen, Bewohner:innen des Hauses, Mitarbeiter:innen von Museen und Bibliotheken sowie Vertreter:innen der Verwaltung und Lehrer:innen. Die maximale Anzahl an versammelten Menschen beträgt etwa 60 Personen. Für gewöhnlich sind es jedoch 5 bis 16 Personen.[253] Eine wichtige Symbolik der Performanzen ist die rote Nelke, die eigentlich ein Zeichen der sozialistischen Revolution ist, und sich oftmals in

248 Vgl. Proekt Poslednij Adres: „Vladimirskaja oblast', Gorochovec, ulica Lenina, 21 – Aleksandr Mečislavovič Tukallo", in: *Youtube*, 10. Februar 2020. Verfügbar unter: https://www.youtube.com/watch?v=XJCklX3AXFM&feature=emb_title [02:56-03:28] (abgerufen am 18.08.2020).

249 Vgl. ebd. [03:52–04:01].

250 Vgl. ebd. [04:12–04:22].

251 Vgl. ebd. [08:32–08:52].

252 Vgl. ebd. [08:53–09:29].

253 Mailinterview der Autorin mit Aleksandr Černyšov vom 28. Mai 2020.

Rückbezug auf den Großen Vaterländischen Krieg auf Soldatenfriedhöfen findet. Die Nelke wird nach dem Anbringen des Schildes neben diesem an der Wand befestigt. Insofern lässt sich hier eine symbolische Verknüpfung zum Gedenken an den Großen Vaterländischen Krieg erkennen, der bekanntermaßen in der russischen Erinnerungskultur eine übergeordnete Rolle einnimmt.

Der Einweihungsakt bietet den Beteiligten die Möglichkeit, Gleichgesinnten zu begegnen. Die Rituale rund um die Edelstahltäfelchen fördern die Vernetzung von Interessierten an der Geschichte der politischen Repressionen. Daneben stellt es für die Familien ehemaliger Unterdrückter Grund und Gelegenheit dar, sich mit entfernten Verwandten zu treffen und gemeinsame familiäre Gedenkarbeit zu praktizieren. Das gemeinsame Ritual der Schildanbringung stiftet eine Erinnerungsgemeinschaft, die die Erinnerung reproduziert und weiterträgt. Diese kann aus Nachkommen der Verstorbenen bestehen, zivilgesellschaftlich aktiven Personen oder aber gänzlich fremden Menschen. Diese, die Einheit stärkende Funktion von Gedenkritualen im Kontext des Totengedenkens, betont Jan Assmann in seinem „kulturellen Gedächtnis“: „In der erinnernden Rückbindung an die Toten vergewissert sich eine Gemeinschaft ihrer Identität.“[254]

Die regelmäßigen Eröffnungszeremonien schaffen und reproduzieren eine Gemeinschaft von Menschen, die sich alle zwei bis vier Wochen treffen, um das Schicksal einer bestimmten Person zu diskutieren und über weitere Themen miteinander zu kommunizieren. Personen, die eine Aktion der Poslednij Adres in der Rolle der Angehörigen erlebten, können in Zukunft in der Funktion von Unterstützenden wiederkehren, wenn sich die Erinnerungsgemeinschaft vor einer anderen Hauswand neu konstituiert. Im Zuge des Anbringungsrituals werden die Gedenkschilder der Öffentlichkeit übergeben. Ähnlich wie bei neuen Denkmälern entfaltet sich auch hier die eigentliche Bedeutung für die Erinnerungskultur durch gemein- und gesellschaftliche Aushandlungsprozesse. Hier bietet die Zeremonie konkret Anlass und Gelegenheit, in einem öffentlichen Raum über die Repressionen zu sprechen.[255] So schreibt auch Jeffrey Olick, dass ein kollektives Gedächtnis nur im Kontext vielfältiger Interessen und Weltanschauungen konzipiert werden könne. Damit es ein kollektives Gedächtnis gebe, müssten unterschiedliche Erinnerungen vorhanden sein und gesammelt werden. Der Raum, in dem eine solche Sammlung stattfinde, sei die öffentliche Sphäre, in der private und offizielle Erinnerung auf neue Weise zusammenkämen.[256]

---

254 Jan Assmann: Das kulturelle Gedächtnis. 2000, S. 63.

255 Mailinterview der Autorin mit Aleksandr Černyšov vom 28. Mai 2020.

256 Vgl. Olick: The Politics of Regret. 2007, S. 187f.

5.3. Poslednij Adres im Stadtraum

> Wer über ‚Raum' nachdenkt, spricht von etwas, das es zu konstruieren, gestalten, nutzen, besetzen gilt. Raum ist vorwiegend ein Gegenstand des Machens und des Planens, eine Dispositionsmasse für intentionale Akteure. [...] ‚Orte' sind demgegenüber dadurch bestimmt, dass an ihnen bereits gehandelt bzw. etwas erlebt und erlitten wurde. Orte haben Namen und Geschichte bzw. Geschichten, sie bergen Vergangenheit; Räume dagegen öffnen Dimensionen des Planens und weisen die Zukunft.[257]

Generell werden seit dem „spatial turn" in den Kultur- und Sozialwissenschaften Städte vermehrt als Orte der historischen Bildung wahrgenommen. Erinnerungsorte innerhalb einer Stadt sind demnach nicht nur Orte der Geschichte, sondern auch der Gegenwart. Sie bieten als Orte der Erfahrung und der Auseinandersetzung Raum für Zukunftsentwürfe.[258] Zudem sei hier auf das von Sabine Krause eingeführte Konzept des „doing memory" verwiesen. Dieses wird „analog zum doing culture als das partizipative, situierte Schaffen eines gemeinsamen Erinnerungsraumes verstanden." Voraussetzung hierfür ist, dass alle Beteiligten über ausreichendes Wissen für die Teilhabe verfügen und in ihrem Tun Anerkennung finden.[259] Während die letzten Adressen, die letzten Wohnhäuser der politisch Verfolgten, als Orte fungieren, an denen Namen und Geschichte(n) haften, eröffnet sich durch das Projekt und die öffentliche beziehungsweise gesellschaftliche Diskussion ein innovativer Raum für eine potenziell neue Form der Erinnerung und der damit verbundenen gesellschaftlichen Teilhabe. Durch das kollektive Anbringen des Schildes wird in Form eines Rituals ein neuer Raum geschaffen, der zugleich *Raum* für Diskussionen über die Vergangenheit – hier explizit die Stalinistischen Repressionen – und den künftigen erinnerungskulturellen Umgang damit elaboriert. Dennoch ist die Gruppe, die sich im Diskurs darüber befindet, begrenzt und keinesfalls ein Spiegelbild der Gesellschaft.

Die Gedenktäfelchen der Polednij Adres folgen einer im russischen städtischen Raum langen Tradition der *Memorial'nye Doski*. Erste an bedeutende Ereignisse erinnernde Gedenktafeln erschienen in Sankt Petersburg, der

---

257 Aleida Assmann: „Geschichte findet Stadt", in: Moritz Csáky und Christoph Leitgeb (Hrsg.): *Kommunikation – Gedächtnis – Raum*. Bielefeld 2009, S. 13–27, hier: S. 15f.

258 Vgl. Eckhardt Fuchs und Ulrike Mietzner, „Erinnerungsräume – Geschichte des Umgangs mit Erinnerung: Einleitung in den Themenschwerpunkt", in: *Jahrbuch für Historische Bildungsforschung 2016: Erinnerungsräume*, S. 11f.

259 Vgl. Sabine Krause, „Arbeit am und im Erinnerungsraum – Einsätze aus Geschichtswissenschaft, Kulturwissenschaft und Bildungswissenschaft, in: *Jahrbuch für Historische Bildungsforschung 2016: Erinnerungsräume*, S. 27.

Hauptstadt des Russischen Reiches, in der zweiten Hälfte des 18. Jahrhunderts. Sie wurden an der Peter-und-Paul-Festung angebracht und markierten den Pegel der Neva während der Überschwemmungen. Weitere ereignismarkierende Gedenkzeichen in Petersburg erinnerten im 19. Jahrhundert an die wichtigsten Ereignisse der Regentschaft Alexanders II. oder an die ruhmreichen Siege des russischen Militärs. Seit den 1880er Jahren folgten Gedenktafeln für Persönlichkeiten der russischen Kultur, Literatur und Wissenschaft. Mit der Oktoberrevolution 1917 erhielten die Gedenktafeln eine zunehmend politisierende Funktion. Im Zuge der Verabschiedung eines Planes zur monumentalen Propaganda sollten alle Häuser markiert werden, in denen große Schriftsteller:innen, Wissenschaftler:innen oder Revolutionär:innen wohnten, um dem Volk die Wirkstätten bedeutender Landsleute vorzuführen. Eine der ersten dieser Tafeln wurde im Sommer 1924 für Aleksandr Gercen installiert. Laut E. A. Besedina und T. V. Burkova fällt die aktivste Zeit der Anbringung von Gedenkschildern jedoch in die 1950er bis 1980er Jahre, da die Sowjetunion in diesem Zeitraum eine Reihe wichtiger Jahrestage feierte, etwa die Oktoberrevolution, den Sieg im Großen Vaterländischen Krieg sowie die Gründung der UdSSR.[260] Demnach sind im postzarischen und vor allem postsowjetischen städtischen Raum Gedenktafeln unterschiedlicher Zeitschichten für wichtige Ereignisse oder bedeutende Personen verbreitet. Entsprechend dem patriotischen Geschichtsnarrativ stehen besonders der Große Vaterländische Krieg und dessen ruhmreiche Teilnehmer:innen im Fokus der Erinnerung. Aber auch herausragender russischer beziehungsweise sowjetischer Persönlichkeiten unabhängig des Zweiten Weltkrieges wird durch große Gedenkschilder im Stadtraum gedacht.

Die beiden Historikerinnen E. A. Besedina und T. V. Burkova der staatlichen Universität Sankt Petersburg beschäftigen sich mit *Memorial'nye Doski* (dt. Gedenkschilder) im städtischen Raum Petersburgs als Mittel zur Erinnerung und Kommunikation. Sie definieren die Stadt als einen organisierten soziokulturellen Raum, der über eigene Kommunikationskanäle zur Übermittlung von „Botschaften" an die gegenwärtigen und künftigen Generationen seiner Bewohner:innen verfügt. Solche Botschaften könnten mithilfe von Gedenktafeln übertragen werden. Das Bedürfnis und die Bereitschaft der Bevölkerung, diese Art der Kommunikation wahrzunehmen, führen die Autorinnen auf das zunehmende Interesse der Menschen an ihrer historischen Vergangenheit und den

260 Vgl. E. A. Besedina und T. V. Burkova: „‚V ėtom zdanii žil i rabotal…': Memorial'nye doski kak obraz istoričeskoj pamajti", in: A. A. Dimitriev und A. S. Jarmoš (Hrsg.): *Iskusstvo i zritel'*. Sankt Petersburg 2013, S. 45–67, hier: S. 45–63.

Errungenschaften der Geschichtswissenschaft zurück. Aufgrund der historisch bedeutsamen und erinnernden Funktion von *Memorial'nye Doski* werden diese zu visuellen Nachbildungen. Die Geschichte werde, so Besedina und Burkova, „humanisiert".[261] Ferner bieten Gedenkschilder den Zeitgenoss:innen die Möglichkeit, eine bestimmte Epoche, durch den Inhalt eines Ereignisses oder den biographischen Daten einer historischen Figur, sichtbarer darzustellen. Bedeutend ist diese Form des Gedenkens und der Kommunikation, da sie oftmals die erste und einfachste Form der Erinnerung ist, auf die weitere Formen folgen. So erscheinen zunächst Gedenktafeln in einer Stadt, gefolgt von Museumseröffnungen. Als Beispiel führen Besedina und Burkova die letzte Wohnung Aleksandr Puškins an: Zunächst brachte man dort im Jahr 1880 eine Gedenktafel an, die Errichtung eines Museums folgte schließlich 1924.[262]

Obwohl im Stadtraum mehrere Zeitschichten gleichzeitig anwesend sind, bedeutet dies keineswegs, dass jeweils alle Schichten auch in gleichem Maße wahrgenommen werden und somit im Bewusstsein präsent sind.[263] Das Vorhandensein von diversen Gedenktafeln im soziokulturellen Raum drückt demnach die komplexe Struktur des historischen Gedächtnisses aus. So können freiwillige oder unfreiwillige Überlagerungen von Bedeutungen und Informationen zu einer verzerrten Vorstellung der historischen Vergangenheit führen.[264]

Am *Dom na naberežnoj* (dt. Haus an der Uferstraße)[265] lassen sich mehrere große, individuell gestaltete Marmortafeln finden, die an den Fassaden zur Erinnerung an prominente Bewohner:innen des Hauses angebracht sind. Als Epitaphien charakterisiert Karl Schlögel diese Gedenkzeichen für Menschen, deren Lebensbahnen hier meist in den Jahren des Großen Terrors zu Ende gingen.[266] Dabei sind an der prestigeträchtigen Wohnanlage der Partei-Nomenklatura

261 Vgl. E. A. Besedina und T. V. Burkova: „Gorod dolžen govorit'...' Memorial'naja doska kak znak kommemoracii i kommunikacii v sociokul'turnom prostranstve", in: *Ljudi i teksty. Istoričeskij al'manach*. Moskva 2014, S.150–174, hier: S. 156–158.

262 Vgl. E. A. Besedina und T. V. Burkova: „Gorod dolžen govorit'...'". 2014, S. 171.

263 Vgl. Krause, „Arbeit am und im Erinnerungsraum". 2016, S. 18.

264 Vgl. E. A. Besedina und T. V. Burkova: „Gorod dolžen govorit'...'". 2014, S. 170.

265 Siehe zum Dom na naberežnoj und seiner Ausstellung auch den Blog-Eintrag von Daniela Mathuber: „Wo ist denn hier der richtige Weg? Das ‚Haus am Ufer', das Museum und die (Nicht-)Erinnerung an den Großen Terror", in: *Hyptotheses.org*, 26. April 2019. Verfügbar unter: https://erinnerung.hypotheses.org/6692#footnote_1_6692 (abgerufen am 18.08.2020).

266 Vgl. Karl Schlögel: Das sowjetische Jahrhundert. Archäologie einer untergegangenen Welt. München 2018, S. 710.

Abbildung 2: Fassade des *Dom na naberežnoj* (dt. Haus an der Uferstraße), Moskau.

neben den großen Gedenktafeln auch kleine Gedenkschilder der Poslednij Adres angebracht. Auffällig dabei erscheint, dass sich die Schilder der Poslednij Adres in unmittelbarer Nähe zu den großen, älteren Gedenktafeln befinden und somit in gewisser Weise den Konflikt mit diesen zu suchen scheinen.

Die großen Marmortafeln mit eingraviertem Gesicht der prominenten Persönlichkeiten sind jeweils individuell gestaltet und folgen einer Ästhetik, die an die Architektur des *Dom na naberežnoj* angepasst ist. Sie sind als Porträtgalerie zu sehen, als ehrenvolle Anreihung hier ehemals lebender sowjetischer Größen. Demgegenüber wirken die Gedenktäfelchen der Poslednij Adres einheitlich genormt und stilistisch unauffällig. Doch die auf den ersten Blick unauffällige Erscheinung tritt hinter dem großen Wiedererkennungswert der Schilder zurück. So sind sie wie kleine Gedankenblitze, die im gesamten Stadtraum immer wieder auftreten, hat man ihnen einmal Beachtung geschenkt. Zu betonen ist jedoch, dass die verschiedenen Erinnerungstafeln nicht nur in einem inhaltlichen Erinnerungskonflikt miteinander stehen, sondern auch in einem offensichtlichen, ästhetisch-stilistischen. Grundsätzlich sollten bei der Platzierung einer Gedenktafel auf einem relativ begrenzten Raum der Fassade eines Gebäudes nicht nur die architektonischen Besonderheiten des Hauses selbst berücksichtigt werden, sondern auch die verschiedenartige Stilistik der Gedenkschilder, die sich bereits an der Fassade befinden. Andernfalls könne, so die Befürchtung Besedinas und Burkovas, der städtische Raum ein Beispiel für Eklektizismus darbieten.[267]

Bemerkenswert ist, dass Poslednij Adres hiernach einen ästhetischen und stilistischen Konflikt hervorruft, da die Schilder allesamt genormt sind und sich eben nicht an die architektonischen Besonderheiten der Gebäude anpassen. Hierin liegt jedoch – unabhängig von den rein pragmatischen oder bewusst provozierten Intentionen der Poslednij Adres-Autor:innen – das optische Potential des Projekts: Die Schilder fallen sofort ins Auge, da sie eben nicht der Stilistik altbekannter *Memorial'nye Doski* entsprechen. Dieser Konflikt tritt nicht nur in Städten, sondern insbesondere auf dem Land zu Tage. Hier sind die Häuser oftmals noch in einer ursprünglicheren Form, unrenoviert und aus Holz. Anna Narinskaja beschreibt das Zusammentreffen der Edelstahltafeln mit den alten traditionsreichen Holzhäusern treffend: „Manchmal ist es so berührend: Es scheint dir, dass das Haus einfach zerfällt, dass die Tafel stärker ist als es [selbst].“[268] Im Vergleich zu dörflichen Räumen unterliegt das urbane Stadtbild jedoch stetiger Veränderung. So ist es auch möglich, dass die Orte der Erinnerung, also die Wohnhäuser der Unterdrückten, nicht mehr mit den authentischen Orten übereinstimmen, da sie ihre Funktion geändert haben oder sogar abgerissen wurden. Was hier jedoch an symbolischem Gehalt erhalten bleibt, ist der geographische Ort.

5.4. Resümee

Wenngleich die patriotische Geschichtspolitik die russische Erinnerungskultur dominiert, existieren zivilgesellschaftliche sowie staatliche Bestrebungen zum Gedenken an die Opfer des politischen Terrors in der Sowjetunion. Die Frage nach den Täter:innen der Repressionen wird vom Staat weitestgehend ausgeblendet und von zivilgesellschaftlichen Organisationen wie Memorial nur vorsichtig gestellt. Gleichsam verdeutlichen unterschiedliche Gedenkinitiativen die in der russischen Erinnerungskultur gegenwärtig vorherrschende Tendenz der Geschichtserkundung über die persönliche, familiäre und konkrete Erfahrung.

In Russland existieren diverse „memory marker“ und (staatliche) Denkmäler für die politisch Verfolgten, die allesamt das Narrativ des Opfergedenkens

267 Vgl. E. A. Besedina und T. V. Burkova: „‚Gorod dolžen govorit'…‘“. 2014, S. 158.
268 Medvedev: „Vojny za pamjat'“ [Interview mit Anna Narinskaja und Jan Račinskij], in: *Radio Svoboda*, 7. November 2018.

aufgreifen. Unter enger Zusammenarbeit mit Memorial lässt sich in diesem Kontext die praktizierte Gedenkarbeit der Poslednij Adres verorten. Dies zeigt sich auch daran, dass sich Poslednij Adres des unter den frühen Denkmälern für die Opfer des Terrors geläufigen gestalterischen Motivs der Aussparung bedient, das das Fehlen einer Person symbolisiert.

Im Zuge der Eröffnungsrituale übergibt Poslednij Adres die Gedenkzeichen der Öffentlichkeit, kreiert Hör- und Sehbarkeit und etabliert eine Erinnerungsgemeinschaft. Das Bedeutende dabei ist, dass diese Erinnerungsgemeinschaft sich weiter reproduziert und einen *Raum* für die Diskussion über den Stalinismus und die politischen Repressionen in der öffentlichen Sphäre schafft. Innerhalb des Stadt*raumes* bricht Poslednij Adres wiederum mit altbekannten sowjetischen und russischen Traditionen der *Memorial'nye Doski*, indem die einfachen Edelstahltäfelchen einen offenkundigen ästhetischen Konflikt hervorrufen. Darüber hinaus bietet Poslednij Adres im Stadtraum die Möglichkeit einer partizipativen Erinnerung („doing memory"), wodurch eine neue Form des Gedenkens geschaffen wird. Das Projekt ist unter Rückbeziehung auf Olga Kurilo als „Demokratische Erinnerung", als Ausdruck des Wandels der Erinnerungslandschaft im postsowjetischen Raum Russlands zu lesen.[269]

269 Vgl. Kurilo: „Wandel in der Erinnerungslandschaft im heutigen Russland." 2009. S. 146 und S. 159.

6. Poslednij Adres, Staat und Gesellschaft

„Zeichen markieren eine Front, die mitten durch die Stadt verläuft.“[270]

Von großer Bedeutung ist für Poslednij Adres, dass das Projekt weitestgehend unabhängig vom Staat agieren kann. Sergej Parchomenko charakterisiert das Verhältnis zu den staatlichen Behörden als „schweigende Neutralität“. Dies beinhaltet, dass das Projekt keinerlei (finanzielle) Unterstützung staatlicherseits erhalte und der Staat Poslednij Adres im Gegenzug weitestgehend frei agieren lasse.[271] Obgleich die Moskauer Stadtregierung zunächst positiv reagierte und Bereitschaft bekundete, das Projekt zu unterstützen, verschlechterte sich die Stimmung mit dem Ukrainekonflikt seit dem Jahr 2014 gegenüber Poslednij Adres. Die Moskauer Stadtregierung verweigerte fortan die Beteiligung an der Initiative. Daneben sind bedeutende Geldgeber, wie etwa große Unternehmen, abgesprungen.[272] Die als „schweigende Neutralität“ charakterisierte Beziehung zur Moskauer Stadtregierung trifft jedoch nicht in jedem Fall auf andere russische Regionen zu. Hier musste sich das Zusammenwirken von Poslednij Adres und Behörden von Fall zu Fall neu konsolidieren und entwickeln.[273]

Tatsächlich verschärften sich in den letzten Jahren die Beziehungen zwischen der Zentralregierung und nichtstaatlichen Initiativen in Russland, etwa durch das sogenannte „Agentengesetz“[274] aus dem Jahre 2012, das eine unmittelbare Reaktion auf die Demonstrationen anlässlich der Fälschungen bei den Duma-Wahlen im Jahre 2011 und der erneuten Inauguration Putins im Mai 2012 ist.

---

270 Schlögel: Das Sowjetische Jahrhundert. 2018, S. 177.

271 Vgl. Sergej Parchomenko: „Po povodu odnogo interv'ju, Sergej Parchomenko otvečaet Alekseju Milleru“ in: *Colta*, 26. April 2018. Verfügbar unter: https://www.colta.ru/articles/specials/17935-po-povodu-odnogo-intervyu (abgerufen am 18.08.2020).

272 Vgl. Parchomenko: „‚Poslednij adres‘. Vremja sobirat' kamni“ [Interview], in: *Permskoe krajevoe otdelenie meždunarodnogo obščesvta ‚Memorial‘*.

273 Vgl. F. D. Veselov: „‚Poslednnij Adres‘: Negosudarstvennyj memorial'nyj proekt i politika pamjati v Rossii“, in: A. I. Miller und D. V. Efremenko (Hrsg.): *Politika pamjati v sovremennoj Rossii i stranach vostočnoj Evropy*. Sankt-Peterburg 2020, S. 202–229, hier: S. 223.

274 Das Gesetz besagt, dass als „ausländischer Agent“ betrachtet wird, wer (in Teilen) Finanzierung aus dem Ausland erhält und „politisch“ tätig ist, wobei als „politische Tätigkeit“ sämtliche Versuche, die öffentliche Meinung zu beeinflussen, gewertet werden. Vgl. Ščerbakova: „Memorial unter Druck“. 2020, S. 221.

Irina Ščerbakova wertet das Gesetz als „neue Etappe der staatlichen Repression", ist doch seit 2014 auch das Menschenrechtszentrum Memorial beim russischen Justizministerium als „ausländischer Agent" registriert.[275] Daneben betont F. D. Veselov, dass der Beginn des Projektes Poslednij Adres mit jenem Zeitraum zusammenfällt, der durch eine weitere Verschlechterung der Zusammenwirkung zwischen staatlichen und anderen Akteuren im Bereich des politischen Gedenkens aufgrund der Krise in der Ukraine seit 2014 geprägt sei. Damit einhergehend habe die staatliche Kontrolle im sogenannten „Dritten Sektor", dem Nonprofit-Sektor, deutlich zugenommen.[276]

Die staatliche Haltung gegenüber Poslednij Adres lediglich als repressiv zu bezeichnen, griffe jedoch zu kurz. So kommt etwa dem Menschenrechtsrat beim russischen Präsidenten (*Sovet pri Prezidente Rossijskoj Federacii po razvitiju graždanskogo obščestva i pravam čeloveka*)[277] eine unterstützende Funktion für die Durchführung von zivilgesellschaftlichen Initiativen wie Poslednij Adres zu. Präsident Vladimir Putin unterzeichnete selbst nach einer Sitzung des Menschenrechtsrates im Dezember 2018 eine Anweisungsliste, die vorsah:

> [...] bis 2024 die Frist für die Umsetzung des Konzepts der Staatspolitik [zu] verlängern, um das Gedächtnis der Opfer politischer Repression aufrechtzuerhalten, das auf Anordnung der Regierung der Russischen Föderation vom 15. August 2015 Nr. 1561-r genehmigt wurde.[278]

In dieser Konzeption heißt es unter anderem:

---

275 Vgl. Ščerbakova: „Memorial unter Druck". 2020, S. 221–223.

276 Vgl. Veselov: „‚Poslednnij Adres': Negosudarstvennyj memorial'nyj proekt i politika pamjati v Rossii". 2020, S. 226.

277 Der Menschenrechtsrat beim russischen Präsidenten wurde von Präsident Vladimir Putin per Präsidialerlass im Jahr 2004 eingerichtet und nimmt eine beratende Funktion bezüglich der Verbesserung des Schutzes der Rechte und Freiheiten der Bürger:innen sowie der Situation der Menschenrechte und Grundfreiheiten ein. Daneben koordiniert er auf staatlicher Ebene die in Russland tätigen Nichtregierungsorganisationen. Vgl. „Ukaz Prezidenta Rossijkskoj Federacii ot 6 Nojabrja 2004 g. N 1417 O Sovete pri Prezidente Rossijskoj Federacii po codejstviju pazvitiju institutov graždanskogo obščestva i pravam čeloveka", in: *Rossijskaja Gazeta*, 12. November 2004. Verfügbar unter: https://rg.ru/2004/11/12/sovet-prava.html (abgerufen am 18.08.2020).

278 Vgl. Sovet pri Prezidente Rossijskoj Federacii po razvitiju graždanskogo obščestva i pravam čeloveka: „Prezident Rossii Vladimir Putin podpisal Perečen' Poručenij po itogam vstreči c Sovetom 11 dekabrja, 21. Februar 2019. Verfügbar unter: http://president-sovet.ru/presscenter/news/read/5279/ (abgerufen am 18.08.2020).

> Russland kann nicht vollständig ein rechtsstaatlicher Staat werden und eine führende Rolle in der Weltgemeinschaft einnehmen, ohne die Erinnerung an viele Millionen seiner Bürger aufrechtzuerhalten, die Opfer politischer Repression geworden sind. Besonders wichtig ist in diesem Zusammenhang das Bewusstsein für die tragische Erfahrung Russlands, die das Land und seine Bürger nach den Ereignissen im Oktober 1917 erlebt haben und die durch einen Bruch der Traditionen, den Verlust der Kontinuität der kulturellen Erfahrung und die Zerstörung der Beziehungen zwischen den Generationen gekennzeichnet ist.[279]

Grundsätzlich sind die Tätigkeiten der Poslednij Adres zur Aufrechterhaltung der Erinnerung an die Opfer der politischen Repressionen von dieser Konzeption erfasst und gedeckt. Dies zeigt sich auch daran, dass Sergej Karaganov, der Leiter des russischen Rates für Außen- und Verteidigungspolitik, das Dokument kurz nach seiner Verabschiedung in der Staatszeitung *Rossijskaja Gazeta* vorstellte und in diesem Zusammenhang Poslednij Adres als positives Projekt erwähnte.[280] Ob darin jedoch prinzipiell eine staatliche Intention zu sehen ist, die Anliegen der in Russland tätigen zivilgesellschaftlichen Organisationen aktiv zu unterstützen, darf bezweifelt werden. Vielmehr lässt es sich als Versuch werten, die ohnehin tätigen NGOs von oben zu koordinieren und deren erinnerungskulturelle Aktivitäten hinsichtlich des Stalinismus und der Repressionen in einen offiziellen staatlichen Rahmen zu setzen. F. D. Veselov schätzt die Rolle des Menschenrechtsrates für die Konstituierung der Poslednij Adres zu hoch ein, zumal das Organ eine rein beratende Funktion innehat.

Ungeachtet dieses staatlichen erinnerungspolitischen Rahmens veröffentlichte Sergej Parchomenko am 4. April 2019 auf seiner Facebook-Seite einen Beitrag mit dem Inhalt, dass Poslednij Adres einer „Finanzprüfung" staatlicherseits unterzogen wurde, deren Zweck es seiner Ansicht nach war, die Organisation als „ausländischen Agenten" zu registrieren.[281] Trotz der aktiven Zusammenarbeit zwischen Poslednij Adres und der als „ausländischer Agent" registrierten

---

279 „Rasporjaženie Pravitel'stva Rossijskoj Federacii ot 15 avgusta 2015 g. N 1561-r g. Moskva", in: *Rossijskaja Gazeta*, 18. August 2015. Verfügbar unter: https://rg.ru/2015/08/18/jertvy-site-dok.html (abgerufen am 18.08.2020).

280 Vgl. Sergej Karaganov: „Prostimsja s Graždanskoj vojnoj. Narod, ne pochoronivših, ne možet uvaždat' sebja i ne sposoben idti vpered", in: *Rossijskaja Gazeta*, 26. August 2015. Verfügbar unter: https://rg.ru/2015/08/27/pamyat.html (abgerufen am 18.08.2020).

281 Vgl. Sergej Parchomenko, in: *Facebook*, 4. April 2019. Verfügbar unter: https://www.facebook.com/serguei.parkhomenko/posts/10218289503618439 (abgerufen am 18.08.2020).

internationalen Memorial Organisation, der Mitgliedschaft in der aus den USA organisierten Koalition „Sites of Conscience" sowie der stetigen Berichterstattung durch den aus den USA finanzierten Sender Radio Svoboda blieb die Finanzprüfung folgenlos und eine derartige Stigmatisierung und Arbeitsbehinderung (bislang) aus. Nichtsdestotrotz existieren auf behördlicher und staatlicher Ebene ebenso wie im gesellschaftlichen Kontext diverse Ausführungen negativer Reaktionen und Komplikationen für das Projekt.

6.1. Konfrontation mit Behörden und Staat

Die Poslednij Adres-Aktivist:innen müssen nicht nur bei der Kommunikation mit den Bewohner:innen der Häuser Vorsicht walten lassen, an denen die Installation der Schilder geplant ist, sondern auch bei der Berücksichtigung lokaler politischer Prozesse und im Umgang mit örtlichen Behörden. In den letzten Jahren kam es zu diversen Vorfällen, bei welchen die Anbringung von Schildern verkompliziert, behindert oder gänzlich unterbunden wurde.

Als Beispiel hierfür sind die Streitigkeiten mit den Behörden Sankt Petersburgs Ende des Jahres 2018 anzuführen. „Die Tafeln [...] hätten die aktuelle Generation vor den schrecklichen Lehren der Geschichte warnen sollen. Stattdessen endete der Fall jedoch mit einem weiteren Skandal",[282] so die *Komsomol'skaja Pravda* zur vorgeworfenen Gesetzesverletzung durch die Gedenkzeichen der Poslednij Adres in Petersburg. Der „Skandal" begann mit einem Aufruf Aleksandr Monchatkins, einem ehemaligen Mitarbeiter des Politikers Vitali Milonov der Partei „Einiges Russland", an die Vorsitzende des Ausschusses für Stadtplanung und Architektur. Monchatkin forderte eine rechtliche Überprüfung, ob die Poslednij Adres-Schilder der „unbefugten Verbreitung von Informationsmaterial an unbekannten Orten" gemäß des Gesetzbuches über Verwaltungsverstöße in Sankt Petersburg entsprächen.[283] Damit wurde ein Prozess in Gang gesetzt, der von einer Besprechung der potentiellen Gesetzesverletzung beim russischen Menschenrechtsrat unter Präsident Vladimir Putin bis zu einem Treffen der Aktivist:innen mit dem damaligen Vizegouverneur Sankt Petersburgs, Igor Albin, führte. In dieser konfliktreichen Sitzung wurde grundlegend über die

282 Petr Kiber: „Pamjatnye tabličky ‚Poslednij adres' v Peterburge priznali vne zakona", in: *Komsomol'skaja Pravda Sankt-Peterburg*. 6. Dezember 2018. Verfügar unter: https://www.spb.kp.ru/daily/26917/3963436/ (abgerufen am 21.08.2020).

283 Vgl. Tat'jana Lichanova: „Po pervomy stuku", in: *Novaja Gazeta*, 6. Dezember 2018. Verfügbar unter: https://novayagazeta.ru/articles/2018/12/06/78836-po-pervomu-stuku (abgerufen am 18.08.2020).

Legitimation von Gedenkzeichen für die Opfer der Repressionen diskutiert. So warfen die Beamt:innen den Poslednij Adres-Aktivist:innen vor, dass sich Memorial auf unzuverlässige Informationen stütze, da nicht bekannt sei, weshalb die Personen rehabilitiert worden seien.[284] Nichtsdestotrotz einigte sich Albin mit den Aktivist:innen darauf, eine Rechtsgrundlage für die Fortsetzung des Projektes zu erarbeiten,[285] was jedoch im Sande verlief.

In der zentralrussischen Stadt Tver ließ die Stadtverwaltung ein Gedenkschild des Projektes Poslednij Adres im Jahr 2015 bereits einige Tage nach der Installation wieder entfernen, da sie die Installation als unrechtmäßig bewertete. Obwohl die örtlichen Behörden später entschieden, dass diese Form der Aufrechterhaltung der Erinnerung an Opfer politischer Repression legal sei, wurde das Schild nicht erneut angebracht.[286]

Die Entfernung des Gedenkzeichens lässt sich in einen größeren lokalbehördlichen Erinnerungskonflikt einbetten. So kam es im Mai 2020 zur symbolträchtigen Demontage zweier großer *Memorial'nye Doski* aus den 1990er Jahren zur Erinnerung an polnische Kriegsgefangene, die im Zweiten Weltkrieg vom NKVD hingerichtet worden waren. Die von der lokalen Staatsanwaltschaft in Tver eingeleitete Aktion löste in den liberalen Medien ein breites Echo aus und wurde von Memorial-Aktivist:innen als „Verbrechen gegen die Geschichte" gewertet.[287]

---

284 Vgl. Tat'jana Lichanova „‚Nosit'sja s repressirovannymi' budut po reglamentu", in: *Novaja Gazeta*, 14. Dezember 2018. Verfügbar unter: https://novayagazeta.ru/articles/2018/12/14/78941-nositsya-s-repressirovannymi-budut-po-reglamentu (abgerufen am 18.08.2020) und Anna Romanenko: „V Peterburge komitet po architekture sčel nezakonnoj ustanovku tabliček ‚Poslednego adresa', in: Obščestvennoe televedenie Rossii, 5. Dezember 2018. Verfügbar unter: https://otr-online.ru/news/v-peterburge-komitet-po-arhitekture-schel-nezakonnoy-ustanovku-tablichek-poslednego-adresa-116142.html (abgerufen am 18.08.2020).

285 Vgl. Petr Kiber: „Albin vstretilsja s aktivistami proekta ‚Poslednij adres', in: *Komsomol'skaja Pravda*, 13. Dezember 2018. Verfügbar unter: https://www.spb.kp.ru/online/news/3326578/ (abgerufen am 18.08.2020).

286 Vgl. Sergej Parchomenko, in: *Facebook*, 11. Mai 2020. Verfügbar unter: https://www.facebook.com/serguei.parkhomenko/posts/10221845557117554 und „Tver', bul'var Radiščeva, 47", in: *Poslednij adres*, 8. November 2015. Verfügbar unter: https://www.poslednyadres.ru/news/news97.htm (abgerufen am 18.08.2020).

287 Vgl. o.A.: „V Tveri snjali memorial'nye doski v pamjat' o rasstreljannych poljakach", in: *Radio Svoboda*, 7. Mai 2020. Verfügbar unter: https://www.svoboda.org/a/30599073.html (abgerufen am 18.08.2020).

Darüber hinaus wurde in Ekaterinburg im März 2020 die Installation von Gedenkzeichen der Poslednij Adres durch die lokalen Behörden behindert. Im Kontext der Installierung eines einzelnen Gedenkschildes veröffentlichte das lokale Ministerium für Architektur und Stadtplanung ein Schreiben mit dem Inhalt, dass die Platzierung von Gedenkschildern mit Informationen über Opfer politischer Repression an den Fassaden von Gebäuden als „nicht autorisierte Objekte“ nicht zu begrüßen seien, da sie nicht von den zuständigen städtischen Abteilungen genehmigt worden sei.[288]

Auch die strafrechtliche Verfolgung einzelner Aktivist:innen blieb bisweilen nicht aus. So sprach am 16. August 2017 ein Gericht in Archangel'sk Dimitrij Kozlov, den dortigen regionalen Koordinator der Poslednij Adres, der Beschädigung des kulturellen Erbes durch die Anbringung eines Gedenkschildes für schuldig und verhängte eine Strafe in Höhe von 15.000 Rubel (ca. 275 Euro)[289]. Die Klage für die „Beschädigung eines alten Holzhauses“ leitete die Aufsichtsbehörde für den Schutz kulturellen Erbes in der Region ein, ungeachtet der Tatsache, dass alle Bewohner:innen des Hauses mit der Installation des Schildes einverstanden waren. Ferner hatte der Menschenrechtsrat den Gouverneur der Region Archangel'sk formell gebeten, eine friedliche Lösung für die dortige Situation zu finden. In Russland sei es zu wiederholten „absurden“ Verfolgungen der Poslednij Adres-Aktivist:innen sowie dem Widerstand lokaler Beamt:innen gegen die Installation von Erinnerungstafeln gekommen, so der russische Dienst des US-Auslandsenders *Golos Ameriki* (dt. Stimme Amerikas).[290] Bemerkenswert dabei ist, dass zum Zeitpunkt der Einreichung der Klage durch die Aufsichtsbehörde das Schild bereits von einer unbekannten Person abgerissen worden war, sodass die Fassade des Holzhauses aufgrund der gewaltsamen Entfernung nun tatsächlich Beschädigungen aufwies. Poslednij Adres-Koordinator Kozlov stellte

---

288 Vgl. Igor' Puškarev: „‚Samovol'nye ob "ekty' Mėrija Ekaterinburga ne privetstvuet ustanovku znakov v pamjat' o žertvach Bol'šogo terrora“, in: *Znak*, 6. März 2020. Verfügbar unter: https://www.znak.com/2020-03-06/meriya_ekaterinburga_ne_privetstvuyut_ustanovku_znakov_v_pamyat_o_zhertvah_bolshogo_terrora (abgerufen am 18.08.2020).

289 Stand der Umrechnung Juni 2022.

290 Vgl. Danila Gal'perovič: „Štraf za ‚Poslednij adres'“, in: *Golos ameriki*, 17. August 2017. Verfügbar unter: https://www.golos-ameriki.ru/a/3990118.html (abgerufen am 18.08.2020) und Yekaterina Zhelvatych: „Russian Activist Charged Over Gulag Memorial Plaque“, in: *The Moscow Times*, 15. August 2017. Verfügbar unter: https://www.themoscowtimes.com/2017/08/15/russian-activist-charged-over-gulag-memorial-plaque-a58658 (abgerufen am 18.08.2020).

die Vermutung auf, dass Vertreter der patriotisch-kommunistischen Bewegung *Sut' vremeni* (Das Wesen der Zeit)[291] für die Tat verantwortlich gewesen sein könnten, da Anhänger in einem Video des Youtube-Kanals die Entfernung des Schildes gefordert hatten.[292]

Obschon grundsätzlich ein staatlicher erinnerungspolitischer Rahmen existiert, in dem sich Poslednij Adres wiederfinden kann, handeln die lokalen Behörden autonom und restriktiv und behindern damit in vielen Fällen die erfolgreiche Ausführung des Projektes. Dies lässt sich auf eine ungeklärte Kompetenzverteilung der staatlichen Behörden zurückführen. Aber auch größere strukturelle Probleme, wie der generelle Umgang mit frei agierenden zivilgesellschaftlichen Aktivitäten, treten hier zum Vorschein. Daneben scheinen die Beamt:innen teilweise nicht von Ressentiments gegenüber den Opfern der Stalinistischen Repressionen beziehungsweise deren unschuldiger Verurteilung befreit zu sein. Daraus resultiert, dass die Poslednij Adres-Aktivist:innen selbst alternative Formen und Möglichkeiten zur Koordinierung des Projektes und der Umgehung der lokalen Behörden finden müssen.

6.2. Reaktionen von Hausbewohner:innen

> „Wir brauchen nicht Eure düsteren Erinnerungstafeln für Personen, die niemand kennt."
> „Es wird den Wert unserer Wohnung senken."
> „Wir sind Patrioten und wollen nicht, dass unsere Kinder schlecht über unser Land denken."
> „Wer liest diese Tafeln – niemand liest sie."
> „Es ist nicht nötig, die Stadt in einen Friedhof zu verwandeln."
> „Über die Repressionen gibt es keine Klarheit."
> „Das ist schon lange her – wen interessiert es?"
> „Vielleicht wurden sie alle rechtmäßig erschossen, und wir werden hier Tafeln für Gewohnheitstäter aufhängen."[293]

---

291 Die Bewegung erklärt in ihrem „Manifest" dass sie den Zusammenbruch der UdSSR als persönliche Tragödie und als Beraubung der Heimat betrachtet. Vgl. „Posle kapitalizma. ‚Manifest dviženija sut' vremeni'", in: *Virtual'nyj klub sut' vremeni*. Verfügbar unter: https://eot.su/manifest (abgerufen am 21.08.2020).

292 Vgl. Marina Ledjaeva: „V Archangel'ske neizvestnye snjali s doma tabličku ‚Poslednego adresa'", in: *IA Region 29/Poslednij Adres*, 20. November 2017. Verfügbar unter: https://www.poslednyadres.ru/articles/region29_bessonov_snyali.htm (abgerufen am 18.08.2020).

293 Vnutrennij Arzamas: „Vystavka ‚Poslednij Adres', in: *Youtube*, 3. Dezember 2018. Verfügbar unter: https://www.youtube.com/watch?v=UZVh5VTisLE [00:01-01:45] (abgerufen am 18.08.2020).

Dies ist eine Auswahl an Zitaten von Bewohner:innen, die nach Gesprächen mit Poslednij Adres-Aktivist:innen die Installation eines Gedenkschildes an ihrem Wohnhaus ablehnten. Anna Narinskaja illustrierte diese und viele weitere Aussagen auf einem stummen Fernsehbildschirm im Rahmen der Ausstellung *Poslednij Adres / pjat' let*. Die negativen Reaktionen verweisen einerseits auf rein pragmatische Bedenken der Menschen, etwa die Sorge, dass die Schilder die Fassade beschädigen könnten, wodurch der Wert der Immobilie sinken könnte. Andererseits bringen sie auch generelle Vorbehalte gegenüber der tatsächlichen Unrechtmäßigkeit der Verurteilungen im Großen Terror zum Ausdruck. Demnach existieren in der Bevölkerung Stimmen, die die Meinung vertreten, dass die Personen, derer nun gedacht werden soll, zu Recht verurteilt und bestraft wurden. Darüber hinaus zeigen die Zitate eine grundsätzliche Verdrossenheit sowie ein Desinteresse gegenüber der negativen Vergangenheit auf. Vielmehr möchte man, so der Anschein, das wirkliche Ausmaß der Opfer des Stalinistischen Terrors nicht wahrhaben.

Zweifellos stellt die Einigung mit Bewohner:innen und Eigentümer:innen über die Installation eines Gedenkschildes für die Poslednij Adres-Aktivist:innen in vielen Fällen ein schwieriges Unterfangen dar. Anna Narinskaja betont beispielsweise, dass sie selbst ein Gedenkschild in ihrem Mehrparteienwohnhaus initiiert habe, was ihre Nachbar:innen zunächst ablehnten, da sie bezweifelten, dass die Unterdrückten tatsächlich nicht kriminell gewesen seien oder sie nicht wollten, dass Kindern der nachwachsenden Generation eine negative Vorstellung über die Lebensrealitäten in der Sowjetunion vermittelt werden könnte.[294] Aufgrund der schwierigen und mühsamen Verhandlungsprozesse konnten bislang nur etwa ein Fünftel der gewünschten und angefragten Schilder installiert werden. Sergej Parchomenko äußerte am Rande einer Schildeinweihung in Moskau am 1. Mai 2016 das Vorhaben, eine Schulung für Vertreter:innen des Projektes einzurichten, um mehr Menschen von der Installation einer Tafel an ihrem Haus zu überzeugen.[295]

Auch wenn die Aktivist:innen die Genehmigung der Eigentümer:innen und der Bewohner:innen erhalten hatten und das Täfelchen bereits installiert wurde, kann es vorkommen, dass diese ihre Meinung ändern und das

294 Vgl. Medvedev: „Vojny za pamjat'" [Interview mit Anna Narinskaja und Jan Račinskij], in: *Radio Svoboda*, 7. November 2018.

295 Vgl. Evgeniy Shmukler: „Poslednij adres 1 Maja 2016", in: *Youtube*, 2. Mai 2016. Verfügbar unter: https://www.youtube.com/watch?time_continue=71&v=h06VU7cQADU&feature=emb_title [09:19-09:44] (abgerufen am 18.08.2020).

Erinnerungszeichen nachträglich wieder entfernen.[296] Dennoch gibt es auch dann einen *Ort* für die Namen der Personen, deren Erinnerungszeichen wieder getilgt wurden, oder aufgrund grundsätzlich fehlender Zustimmung gar nicht angebracht werden konnten. Auf der Website der Poslednij Adres findet sich eine alphabetische Namensliste, die jedoch nur auf einen Bruchteil dieser nicht anbringbaren Tafeln hinweist.[297]

Sinnvollerweise bedarf es an dieser Stelle einer Kontextualisierung der genannten Reaktionen innerhalb einer gesamtgesellschaftlichen Stimmung zum Stalinismus und den politischen Repressionen. In einer Umfrage des Levada Zentrums aus dem Jahr 2017 zeigten sich 68 Prozent der Befragten (im Jahr 2011 waren es 70 Prozent) damit einverstanden, Gedenkbücher und Denkmäler für die Opfer der Repressionen in russischen Städten zu errichten, wohingegen nur 52 Prozent der Befragten die stalinistischen Massenrepressionen als Verbrechen der Regierung anerkennen würde. Im Jahr 2011 stimmten noch 61 Prozent dafür.[298] Daraus lässt sich eine Spaltung der russischen Bevölkerung in der Bewertung der Repressionen ablesen. Dies resultiert nicht zuletzt aus der Geschichtspolitik der russischen Führung – offiziell wird der Stalinismus zwar kritisiert, gleichzeitig jedoch ein Klima geschaffen, in dem das Zeigen von Stalinporträts straffrei ist. So etwa jährlich am 9. Mai, dem offiziellen Tag des Sieges.[299] Dementsprechend ambivalent fällt das gesellschaftliche Echo auf Poslednij Adres aus. Es reicht von Sympathie, Verständnis oder Gleichgültigkeit bis hin zu Meinungsverschiedenheiten und Konflikten.[300]

Die Bildungsarbeit Memorials zeigt, dass ein Großteil der Bevölkerung nach wie vor die Stalinistischen Repressionen als „Katastrophe" größeren Ursprungs

---

296 Vgl. „Moskva, Požarskij pereulok, d.15, str.2", in: *Poslednij adres*, 19. März 2017. Verfügbar unter: https://www.poslednyadres.ru/news/news413.htm (abgerufen am 18.08.2020).

297 Vgl. „Imena ‚Poslednego adresa': Alfavitnyj spisok znakov, poka ne ustanovlennych ili snjatych iz-za otkaza žitelej ili vladel'cev doma", in: *Poslednij adres*. Verfügbar unter: https://www.poslednyadres.ru/denied/ (abgerufen am 18.08.2020).

298 Vgl. Levada-Center: „Great Terror" [Umfrage], 26.September 2017. Verfügbar unter: https://www.levada.ru/en/2017/09/26/great-terror/ (abgerufen am 23.08.2020).

299 Vgl. Makhotina: „Ein ‚victim turn'?". 2019, S. 67f. Verwiesen werden soll in diesem Kontext auch den von Vladimir Putin verfassten Artikel zum Großen Vaterländischen Krieg: President of Russia: „75th Anniversary of the Great Victory: Shared Responsibility to History and our Future", 19. Juni 2020. Verfügbar unter: http://en.kremlin.ru/events/president/news/63527 (abgerufen am 24.08.2020).

300 Mailinterview der Autorin mit Aleksandr Černyšov vom 28. Mai 2020.

ansieht, deren Urheber nicht klar zu bestimmen ist. An einem von Memorial digital organisierten „Runden Tisch" erörterte die Anthropologin Anna Kirzjuk am Beispiel der erstmals in den 1990er Jahren veröffentlichten Memoiren von Kindern und Enkelkindern ehemaliger Zwangssiedler:innen spezifische sowjetische Narrative. Mit Blick auf Marianne Hirschs Konzept der „postmemory" zeigen sich hier verschiedene Erklärungsmuster der Nachkommen, die allesamt eine staatliche Verantwortlichkeit ausblenden. So werden die familiär erlittenen Repressionen beispielsweise als persönlicher Konflikt mit lokalen Beamt:innen, als Rache oder schlichtweg als Neid interpretiert, wie Anna Kirzjuks Auswertung ihrer Befragung mit den Nachkommen deportierter Familien in der Vologodskaja Oblast' verdeutlicht.[301] Zwar werden dabei einzelne Personen aufgrund persönlicher kurzfristiger Auseinandersetzungen für die Repressionen verantwortlich gemacht, dennoch mangelt es an einer grundsätzlichen Thematisierung der kollektiven Mitverantwortung für die staatlichen Massenverbrechen. Hiernach herrscht im heutigen Russland „ein konsensuales Schweigen über die soziale Basis des Stalinismus."[302]

Die aufgezeigten ablehnenden Positionen sollten jedoch nicht darüber hin wegtäuschen, dass das Projekt viele positive Reaktionen erntet. Die Gesellschaft stehe dem Projekt wohlwollend gegenüber, so Černyšov.[303] Es sind oftmals die Familien, die selbst von den Stalinistischen Repressionen betroffen waren, die das Projekt aktiv unterstützen. Scheint es doch für einige von ihnen die einzige Möglichkeit zu sein, an ihre verstorbenen Verwandten zu erinnern. Daneben können auch zivilgesellschaftlich oder politisch aktive und historisch interessierte Bürger:innen als Unterstützende des Projektes ausgemacht werden, ebenso wie Organisationen der Wissenschaft und der öffentlichen Bildung wie Archive, Museen oder Bibliotheken.

301 Vgl. Meždunarodnyj Memorial: „Seminarkonsilium ‚Otricanie kak diagnoz: psichologičeskie i social'nye korni otricanija", in: *Youtube*, 28. Mai 2020. Verfügbar unter: https://www.youtube.com/watch?v=Jb-gcrPC_98 [0:46:34-0:49:11] (abgerufen am 18.08.2020).

302 Vgl. Ganzenmüller und Utz: „Exkulpation und Identitätsstiftung." 2014, S. 17f.

303 Mailinterview der Autorin mit Aleksandr Černyšov vom 28. Mai 2020.

6.3. Vandalismus

> Dieses Projekt spiegelt den Konflikt wider, der in der Gesellschaft existiert: zwischen Menschen, die glauben, dass die Erinnerung wichtig ist, und jenen, die der Meinung sind, dass sich der Staat niemals irrt.[304]

Den hier durch Anna Narinskaja angedeuteten gesellschaftlichen Konflikt bringen Vorfälle des Vandalismus und der Zerstörung von Gedenkschildern besonders deutlich zum Ausdruck. Am 25. Februar 2016 meldete Sergej Parchomenko: „Poslednij Adres: Erster Fall von Vandalismus".[305] Unbekannte Personen sollen mutwillig im westsibirischen Barnaul ein Erinnerungsschild bereits drei Stunden nach der Eröffnungszeremonie entfernt haben. Das Schild galt dem aus einer Warschauer jüdischen Ärztefamilie stammenden Maksim Goldberg.[306] Initiiert wurde das Täfelchen von seiner Enkelin, die aus Moskau angereist war, um der Anbringung des Gedenkschildes am selbigen Tag für ihren Großvater beizuwohnen. Bei den Täter:innen habe es sich offenbar um Mitglieder der *Nacional'no-osvoboditel'noe dviženie* (Nationalen Befreiungsbewegung/NOD)[307] gehandelt.[308] Nach fast 200 installierten Erinnerungstafeln sei dies ein erster

---

304 Vgl. Nina Davletzjanova: „Tabličkі pamjati. Pjat' let proektu ‚Poslednij adres'", in: *Radio Svoboda*, 25. November 2018. Verfügbar unter: https://www.svoboda.org/a/29619546.html (abgerufen am 18.08.2020).

305 Vgl. Sergej Parchomenko: „‚Poslednij adres': pervyj slučaj vandalizma", in: *Ėcho Moskvy*, 25. Februar 2016. Verfügbar unter: https://echo.msk.ru/blog/serguei_parkhomenko/1719096-echo/ (abgerufen am 18.08.2020).

306 Maxim Goldberg, erster Direktor des staatlichen Barnauler Webereibetriebs. Im Februar 1937 wurde seine Eignung für den Posten von behördlicher Seite in Frage gestellt, was zu einem Parteiausschluss führte. Am 12. März desselben Jahres erfolgte die Festnahme und anschließende Deportation Goldbergs nach Novosibirsk, wo er im Oktober 1937 erschossen wurde. Vgl. „Barnaul, ulica Sizova, 26", in: *Poslednij adres*, 15. Februar 2016. Verfügbar unter: https://www.poslednyadres.ru/news/news146.htm (abgerufen am 20.08.2020).

307 Die NOD ist eine politische Bewegung, welche sich im Jahr 2011 im Zuge der Proteste gegen Wahlfälschungen bei den Parlamentswahlen gegründet hat. Die Gruppierung vereint radikalen Antiamerikanismus und Antisemitismus mit russischem Imperialismus und einem Personenkult um Putin. Unter dem Slogan „Heimat! Freiheit! Putin!" verfolgt sie das Ziel, die russische Souveränität in der gesamten ehemaligen Sowjetunion wiederherzustellen. Vgl. Volker Siefert: „Heimat, Freiheit, Putin", in: *Zeit online*, 19. März 2015. Verfügbar unter: https://www.zeit.de/gesellschaft/2015-03/propaganda-russland-deutschland-subversion (abgerufen am 18.08.2020).

308 Vgl. Sergej Parchomenko: „Ukradennuju v Barnaule tabličku ‚Poslednego adresa' vernuli na mesto", in: *Meduza*, 26. Februar 2016. Verfügbar unter: https://meduza.io/

vom Vandalismus gekennzeichneter Vorfall gewesen.[309] Tatsächlich behinderten Mitglieder der NOD jedoch bereits im Jahr 2015 eine von Memorial organisierte Preisverleihung eines Schulgeschichtswettbewerbs. Die von 1999 bis 2022 jährlich stattfindende Veranstaltung rief Jugendliche dazu auf, Aufsätze darüber zu schreiben, wie ihre Familie die stalinistische Herrschaft oder den Zweiten Weltkrieg erlebt hatte.[310] Im Fall des gestohlenen Gedenktäfelchens für Goldberg liegt der Verdacht nahe, dass es sich um eine antisemitisch motivierte Tat der NOD handelte.

Ähnliches ereignete sich im März sowie Ende Mai und Anfang Juni 2020 in Ekaterinburg und Tver. Hier haben erneut unbekannte Personen mehrere Erinnerungstafeln entfernt. Weitere Gedenkschilder wurden mit Reklamen für Bauarbeiten oder den Verkauf von Wohnungen beklebt. Die *Novaja Gazeta* berichtete ausführlich über diese Vorfälle und stellte die provokante Frage, ob die „Barbaren, die sich dazu entschieden hatten, die Erben des NKVD zu spielen", über die Namen der von ihnen abgerissenen Erinnerungszeichen nachdenken würden. Weiterhin ermahnt der Beitrag dazu, dass die Erinnerung an die Opfer der Repressionen nur durch die Tafeln der Poslednij Adres wachgehalten werde und sie deshalb an ihren Ort zurückgebracht werden sollen. Der Artikel endet mit dem Hinweis, dass im russischen Strafgesetzbuch für Vandalismus eine Gefängnisstrafe von bis zu drei Jahren vorgesehen ist.[311] In einem emotional verfassten Beitrag meldete sich diesbezüglich auch Sergej Parchomenko zu Wort, darin heißt es unter anderem:

> Aber sie [die Vandalen] wissen sehr gut, dass jedes der Tafeln der „letzten Adresse" ein Beweis für ein Verbrechen ist, das von Henkern begangen wurde, die auf Befehl des

---

news/2016/02/26/ukradennuyu-v-barnaule-tablichku-poslednego-adresa-vernuli-na-mesto (abgerufen am 18.08.2020) und Sergej Parchomenko, in: *Facebook*, 26. Februar 2016. Verfügbar unter: https://www.facebook.com/photo.php?fbid=10208563906804597&set=a.1714988723998&type=3 (abgerufen am 18.08.2020).

309 Vgl. Sergej Parchomenko: „‚Poslednij adres': pervyj slučaj vandalizma", in: *Ėcho Moskvy*, 25. Februar 2016.

310 Vgl. o.A.: „Putin-Anhänger attackieren Memorial-Veranstaltung", in: *Zeit online*, 26. April 2016. Verfügbar unter: https://www.zeit.de/politik/2016-04/russland-wladimir-putin-aktivistin-angriff-ludmila-ulitskaja?page=6 (abgerufen am 18.08.2020). Siehe zum Wettbewerb: Irina Ščerbakova: „Erinnerung in der Defensive. Schüler in Rußland über Gulag und Repressionen", in: *Osteuropa*, 57, 6 (2007), S. 409–420.

311 Vgl. Ivan Žilin: „Priličnogo vida vandaly", in: *Novaja Gazeta*, 8. Juni 2020. Verfügbar unter: https://novayagazeta.ru/articles/2020/06/08/85747-prilichnogo-vida-vandaly (abgerufen am 18.08.2020).

> Staates und unter dem Deckmantel des Staates gearbeitet haben. […] Und vor allem – sie wissen sehr gut, dass sich die derzeitige russische Regierung zum Nachfolger dieses Verbrechers erklärt hat, und die aktuelle Propagandadoktrin des russischen Staates die Ideologie des Hasses und der Verachtung des menschlichen Lebens voll und ganz fortsetzt.[312]

Hier nutzte Parchomenko die Vorfälle, um gezielt die aktuelle russische Politik zu kritisieren. Auffallend dabei sind seine deutlichen Worte wie „Ideologie des Hasses" und die „Verachtung des menschlichen Lebens". Insofern eröffnen die vandalistischen Vorfälle eine neue Ebene im Projekt Poslednij Adres, die in einer öffentlichen direkten Kritik an der russischen Regierung zum Ausdruck kommt. Parchomenko betont, dass die „Volksbewegung" Poslednij Adres, die inzwischen über 1000 Gedenktafeln installiert habe, die zerstörten Gedenkzeichen wiederherstellen werde und auf die Hilfe hoffe von „Journalisten, Bürgeraktivisten, Strafverfolgungsbeamten und Stadtverwaltungen, Bewohnern von Häusern und allen, die mit der Sache der Wiederherstellung der historischen Gerechtigkeit sympathisieren".[313] Die geforderte Unterstützung blieb nicht lange aus, denn am 11. Juni 2020 gaben Mitglieder und Professor:innen der Russischen Akademie der Wissenschaften eine öffentliche Erklärung ab, in der sie ihre Empörung über die Zerstörung von Erinnerungszeichen in Ekaterinburg und Tver und die gleichzeitige Untätigkeit der örtlichen Behörden zur Aufklärung der Fälle zum Ausdruck brachten:[314]

> Wir haben empört über die Entfernung und die Beschädigung mehrerer Gedenktafeln des öffentlichen Projekts ‚Poslednij Adres' in Ekaterinburg erfahren. Darunter befindet sich eine Tafel, die zum Gedenken an den herausragenden sowjetischen Physiker Semën Šubin, einen der Gründer der Uralschule für theoretische Physiker […], installiert wurde. Gleichzeitig wurden Tafeln in Erinnerung an andere Menschen, die nicht so berühmt sind, deren Leben aber nicht weniger wertvoll ist, demontiert. Diese blasphemischen Aktionen der Vandalen erinnern an den jüngsten Abbau von Gedenktafeln zum Gedenken an die Opfer politischer Repression in Tver. In beiden Fällen übernimmt

---

312 Sergej Parchomenko: „Vosem' žiznej, ne nužnych vandalam", in: *Poslednij adres*, 2. Juni 2020. Verfügbar unter: https://www.poslednyadres.ru/news/news1034.htm (abgerufen am 18.08.2020).

313 Vgl. ebd.

314 Vgl. Sergej Parchomenko, in: *Facebook*, 11. Juni 2020. Verfügbar unter: https://www.facebook.com/serguei.parkhomenko/posts/10222141673680283 (abgerufen am 18.08.2020) sowie „Rossijskie učenye podderživajut proekt ‚Poslednij adres'", in: *Poslednij adres*, 11. Juni 2020. Verfügbar unter: https://www.poslednyadres.ru/news/news1035.htm (abgerufen am 18.08.2020).

niemand die Verantwortung für diese Maßnahmen [...] Wir fordern von den Behörden von Tver und Ekaterinburg eine klare Verurteilung von Vandalismus und von Strafverfolgungsbehörden – die Identifizierung und Bestrafung von Vandalen."[315]

Die Solidarität aus der akademischen Welt, trotz der öffentlich geteilten Kritik Parchomenkos, gilt es hier besonders hervorzuheben, ist dies doch für Poslednij Adres ein stabilisierender Faktor. Der seriöse Anstrich durch die akademische Wortmeldung könnte zumindest für den Moment zum Schutz vor direkten staatlichen Eingriffen beitragen.

Über die mutwillige Entfernung der Schilder in Ekaterinburg berichtete daneben der zu *Radio Svoboda* gehörende russischsprachige Fernsehsender *Nastojaščee Vremja*[316]. Die Leiterin der lokalen Memorial-Stelle in Ekaterinburg, Anna Pastuchova, verkündete in einer Videoreportage ihre Vermutung, dass sich auch hier lokale Anhänger der NOD von einer am Vorabend der Tat auf dem russischen Fernsehsender NTV[317] ausgestrahlten Sendung zur Tat haben inspirieren lassen. Es habe sich dabei in ihren Worten um „völlig dumme und verleumderische" Inhalte gehandelt, deren Argumente beinahe vollständig der Website der Nationalen Befreiungsbewegung (NOD) entsprochen hätten.[318]

Über einen weiteren Fall von Vandalismus in Sankt Petersburg berichtete Parchomenko am 13. Juni 2020 auf seiner Facebook-Seite. Eine unbekannte Person

315 „Zajavlenie členov i professorov Rossijskoj akademi nauk po povodu uničtožija znakov pamjati v Ekaterinburge i Tveri", in: *Troickij variant nauka*, 10. Juni 2020. Verfügbar unter: https://trv-science.ru/2020/06/10/zayavlenie-po-povodu-unichtozheniya-znakov-pamyati-v-ekaterinburge-i-tveri/?fbclid=IwAR2z_x8FPFfsLK7pgPysbomXshWFCybL4Ge2rzIUqOxuR-0zOG-WrTAHtA0 (abgerufen am 18.08.2020).

316 *Nastojašče vremja* wurde als russischsprachiger Fernsehsender mit Redaktion in Prag von *Radio Free Europe / Radio Liberty* und *Voice of America* gegründet. Am 27. Februar 2022 blockierte die russische Medienaufsichtsbehörde Roskomnadzor die Website des Senders.

317 NTV gehört zum staatlich kontrollierten Medienkonzern Gazprom-Media Holding.

318 Vgl. o.A.: „V Ekaterinburge neizvestnye snjali tablički s imenami žertv stalinskich rasstrelov", in: *Nastojaščee Vremja*, 5. Juni 2020. Verfügbar unter: https://www.currenttime.tv/a/30653342.html?utm_medium=affiliate&utm_campaign=RFE-player30653342&utm_source=www.poslednyadres.ru/articles/articles871.htm&utm_content=player (abgerufen am 18.08.2020) sowie o.A.: „‚Komu-to oni sil'no mozolili glaza'. Kto snjal v Ekaterinburge tablički s imenami žertv stalinskich rasstrelov", in: *Nastojaščee Vremja/Poslednij Adres*, 5. Juni 2020. Verfügbar unter: https://www.poslednyadres.ru/articles/articles871.htm (abgerufen am 18.08.2020).

hatte das Gedenkzeichen für den lettisch-stämmigen Fritz Pankok[319] mit der in der Sowjetunion geläufigen politischen Verunglimpfung *Vrag Naroda* (Volksfeind) beschmiert und mit den sozialistischen Symbolen Hammer und Sichel versehen. Der Täter habe beschlossen, so Parchomenko, „den einzigen Ort auf der Erde zu verschandeln", an dem der Name Fritz Pankoks genannt werde. Ferner schreibt er, dass die Beschriftung, allen voran die „Unterschrift" der Vandalen in Form von Hammer und Sichel, nicht entfernt werden solle, da sie den „tragischen Wahnsinn" dessen, was der Sowjetstaat Pankok angetan habe, noch heller und deutlicher sichtbar mache.[320]

Tatsächlich kann in der Äußerung Parchomenkos der Wunsch einer öffentlich geführten Auseinandersetzung über das sowjetische Erbe in der russischen Gesellschaft gesehen werden. Es geht nicht mehr nur um das Erinnern und die Frage nach den Opfern des Stalinistischen Terrors, sondern auch darum, wie das jahrzehntelang sowjetisch geprägte Denken bis heute nachwirkt. Hinzu kommt die fehlende Verurteilung der Repressionsorgane, die offiziell im Auftrag des sowjetischen Staates gehandelt haben. Ein lavierender Umgang mit sowjetischen Symbolen seitens des Staates zeigt sich auch in der gegenwärtigen Erinnerungskultur, in der die sowjetische Symbolwelt zwar bis zu einem gewissen Grad präsent ist, jedoch von nationalen Attributen überlagert wird. Insofern kann das Beschmieren, das Vandalisieren der Gedenktäfelchen als Form der Kommunikation mit dem Projekt verstanden werden. Indem Schilder zerstört, verschandelt oder entfernt werden, kommunizieren auch die Gegner des Projektes. Damit wird zum zweiten Mal eine Leerstelle geschaffen. Eine Leerstelle, die aus der fehlenden Aufarbeitung der Repressionserfahrungen hervorgeht.

Wichtig ist, dass es in Russland nicht erst im Kontext des Projektes Poslednij Adres zu mutwilligen Entfernungen und Zerstörungen von unliebsamen Gedenkschildern kam. Zu nennen ist hier beispielsweise eine Gedenktafel für Admiral Aleksandr Kolčak, die im Oktober 2008 in Moskau angebracht und bereits einen Monat später von Unbekannten entfernt worden war. Die Inschrift

---

319 Pankok war als Schlosser in der 10. Schiffsmonatewerkstatt Leningrads tätig. Im Dezember 1937 wurde er unter der Anschuldigung, das Transportsystem beschädigt zu haben, verhaftet und einen Monat später erschossen. 1959 wurde Fritz Pankok vollständig rehabilitiert. Vgl. „Sankt-Petersburg, 13-ja Krasnoarmejskaja ulica, 6", in: *Poslednij adres*, 8. November 2015. Verfügbar unter: https://www.poslednyadres.ru/news/news101.htm (abgerufen am 18.08.2020).

320 Vgl. Sergej Parchomenko, in: *Facebook*, 13. Juni 2020. Verfügbar unter: https://www.facebook.com/serguei.parkhomenko/posts/10222159002913503 (abgerufen am 18.08.2020).

darauf lautete: „An den herausragenden Polarforscher Admiral Kolčak Aleksandr Vasil'evič – 1874–1920 – von dankbaren Nachkommen […].“ Der Vorfall löste in der russischen Hauptstadt eine hitzige Diskussion aus und lässt sich als Protest gegen die Aufrechterhaltung der Erinnerung an den ehemals sogenannten „Obersten Herrscher Russlands“ werten, da, so Besedina und Burkova, der russische Bürgerkrieg für viele Menschen noch immer ein schmerzhaftes Thema sei.[321] Denn gerade der Bürgerkrieg der Jahre 1917 bis 1922 fand bislang keinen Platz in der Erinnerungskultur Russlands und Europas. Die enorme Gewalterfahrung dieser Jahre, die sich vorwiegend gegen die bäuerliche Bevölkerung richtete, die Gesellschaft spaltete und ganze Gruppen ächtete, habe, so der Historiker Nikolaus Katzer, ein hochbelastetes Erbe geschaffen, das noch heute fortwirke.[322] Die gesellschaftliche Spaltung entlang der Bürgerkriegsfronten verdeutlicht sich heute noch im Umgang mit „memory markers“ wie Gedenktafeln, Statuen oder Monumenten, die Held:innen und Opfer des russischen Bürgerkrieges thematisieren. So sind Fragen bezüglich des Schutzes von Gedenktafeln im Zusammenhang mit vorsätzlichem Vandalismus, sowie der Beschädigung oder Entfernung derselben nicht nur für Poslednij Adres von Relevanz.[323]

6.4. Erinnern an kontroverse Persönlichkeiten

Kritik am Projekt Poslednij Adres löste die Errichtung von Erinnerungszeichen für historisch strittige Personen aus. So wies die gesellschaftspolitische online-Zeitschrift *Jacta* darauf hin, dass „konservative Blogger“ die Aktion kritisieren würden, da einige Gedenktafeln ehemaligen Revolutionären gelten, die selbst „in die blutigen Ereignisse des vergangenen Jahrhunderts verwickelt waren.“[324] Als Beispiel nannte *Jacta* Leonid Serebrjakov, der an den gewaltsamen Ereignissen der Revolutionen von 1905 und 1917 beteiligt gewesen sein soll, und in den 1920er und 1930er Jahren eine Reihe wichtiger Posten im kommunistischen Apparat inne hatte, bis er 1937 unter dem Vorwurf der Teilnahme an einer „trotzkistischen Verschwörung“ im zweiten Moskauer Schauprozess zum Tode

321 Vgl. E. A. Besedina und T. V. Burkova: „‚Gorod dolžen govorit'…‘“. 2014, S. 156.

322 Vgl. Nikolaus Katzer: „Russsischer Bürgerkrieg“. Teil des Dossiers 1917/2017 – 100 Jahre Revolution, in: *dekoder*. Verfügbar unter: https://www.dekoder.org/de/gnose/russischer-buergerkrieg-bolschewiki (abgerufen am 08.06.2022).

323 Vgl. E. A. Besedina und T. V. Burkova: „‚V ėtom zdanii žil i rabotal…‘“. 2013, S. 62.

324 o.A.: „Slučaj s ‚deduškoj Cvi‘“, in: *Jacta.ru*, 16. Mai 2016. Verfügbar unter: http://www.jacta.ru/russia/article/?id=2760 (abgerufen am 18.08.2020).

verurteilt wurde.[325] Auf der Website der Poslednij Adres ergibt sich hingegen ein anderes Bild. Laut der Organisation trat der aus einer ärmlichen Arbeiterfamilie stammende Serebrjakov bereits 1905 der Sozialdemokratischen Arbeiterpartei Russlands (RSDRP) bei und nahm sodann an den „revolutionären Ereignissen von 1905–1907 teil". Vor der Oktoberrevolution habe er „aktive Parteiarbeit" geleistet und sich zu einem „Führer der linken Opposition" unter Leo Trotzki entwickelt.[326] Von revolutionären Gewaltexzessen ist dabei tatsächlich keine Rede. Auch Serebjakovs Ehefrau, die sowjetische Schriftstellerin Galina Serebrjakova, bleibt in dem biographischen Abriss unerwähnt, obwohl sie laut *Jacta* eine der heftigsten Verfechterinnen der sowjetischen Zensur in Kunst und Literatur gewesen sein soll.[327] Die Historikerin Nanci Adler beschreibt Galina Serebrjakova als eine Gulag-Rückkehrerin, die weiterhin konform im sowjetischen System gelebt habe und sich damit von der sowjetischen Führung propagandistisch instrumentalisieren habe lassen. So wurde Serebrjakova, nachdem sie fast 20 Jahre im GULag verbracht hatte, wieder in die KPdSU aufgenommen, wofür sie öffentlich das Zentralkomitee lobpreiste.[328]

Große Kritik löste daneben die Installation eines Erinnerungsschilds für Ieronim Uborevič aus, der als sowjetischer Politiker und Heerführer der Roten Armee Bekanntheit erlangt hatte.[329] In einem Artikel unter dem Titel „Wessen Erinnerung verewigt werden sollte und wessen nicht" des Senders *Dožd* bezieht der bekannte russische Investigativjournalist Oleg Kašin Stellung. Skandalös sei demnach an der Installation des Schildes, dass Uborevič selbst an der Unterdrückung der Bauernaufstände in der Provinz Tambov beteiligt gewesen sei. Dies sei sogar nach sowjetischen Maßstäben eine beispiellose Straftat gewesen, da erstmals Giftgase gegen die Zivilbevölkerung eingesetzt worden seien. Nun existiere jedoch ein Zeichen für den „Verbrecher" Uborevič, das eben nicht besagt, er sei ein „Henker", sondern ein „Opfer". Weiter betont Kašin:

---

325 Vgl. o.A.: „Ošibilis' adresom", in: *Jacta.ru*, 22. April 2016. Verfügbar unter: http://www.jacta.ru/russia/article/?id=2732 (abgerufen am 18.08.2020).

326 „Moskva, Leningradskij prospekt, 60, str. 1", in: *Poslednij adres*, 17. April 2016. Verfügbar unter: https://www.poslednyadres.ru/news/news184.htm (abgerufen am 18.08.2020).

327 Vgl. o.A.: „Ošibilis' adresom", in: *Jacta.ru*, 22. April 2016.

328 Vgl. Adler: The Gulag Survivor. 2002, S. 209.

329 Vgl. o.A.: „Pamjati palača", in: *Jacta.ru*, 24. Mai 2016. Verfügbar unter: http://www.jacta.ru/russia/article/?id=2772 (abgerufen am 18.08.2020).

> Er ist tatsächlich ein Opfer, aber dennoch existiert ein Unterschied zwischen Opfern wie ihm (oder Ežov oder Jagoda oder Berija) und jenen Opfern, die er umgebracht hat, und die nicht einmal ein Haus hinterließen, an dem man ein Schild hätte aufhängen können [...]. Vergleicht man ‚Poslednij Adres' mit den deutschen Schildern auf dem Bürgersteig, dann findet man dort sicher keinen Ernst Röhm [...]. Die Deutschen verstehen den Unterschied zwischen Opfern und Opfern [...]. Die Autoren von ‚Poslednij Adres' verstehen es offensichtlich nicht.[330]

Einen Monat nach Erscheinen des Artikels veröffentlichte Poslednij Adres ein Interview Parchomenkos mit der *Vostočno-Sibirskaja Pravda*, das die Diskussion um Uborevič fortführte. Darin betonte Parchomenko, dass die Initiator:innen der Poslednij Adres die Problematik der Installation von Erinnerungszeichen für „Henker und Gesindel" bereits vor Beginn des Projektes genauestens diskutiert hätten. Der sich aus Historiker:innen zusammensetzende Expertenrat der Poslednij Adres-Stiftung, der bei komplizierten Fällen über die Installation eines Gedenkzeichens debattiert, habe bei Uborevič nicht getagt, da dies eine „klassische Geschichte endloser Legenden sei". Uborevič habe weder einen Gasangriff durchgeführt noch auf Geiseln geschossen. Autor dieser Aktionen sei vielmehr Michail Tuchačevskij gewesen, unter dessen Kommando Uborevič stand, so Parchomenko. Das Wichtigste sei jedoch, dass das Projekt dazu diene, Menschen zu sammeln, sie zum Nachdenken zu bewegen, mit ihnen zu diskutieren und den Kern dessen zu verstehen, was in in der Sowjetunion geschehen war. Und so demonstriere der Fall Uborevič letztlich das Problem der Täter- und Opferschaft in seiner ganzen Tiefe und seinem tragischen Widerspruch.[331]

Tatsächlich betonte Parchomenko als Moderator des Eröffnungsrituals für das Erinnerungszeichen für Uborevič, dass dies kein Zeichen sei, um Uborevič zu ehren, sondern vielmehr eine Erinnerung daran, dass jedes Leben bedeutend sei, unabhängig davon, ob es sich um eine prominente oder unbekannte Person handele. Das Gedenkzeichen sei keine Glorifizierung, es solle vielmehr als Warnung gelesen werden.[332] Der Enkel Uborevičs, Boris Uborevič-Borovskij, initiierte das Gedenkzeichen gemeinsam mit seinem Sohn, den er nach seinem Großvater

---

330 Oleg Kašin: „Č'ju pamjat' nužno uvekovečivat', a č'ju – net", in: *Dožd*, 20. Mai 2016 – verfügbar unter: https://tvrain.ru/teleshow/kashin_guru/kashin-409726/ (abgerufen am 18.08.2020).

331 Vgl. Mičurina und Sergeeva: „„Za každym znakom – živoj čelovek", in: *Poslednij adres/ Vostočno-Sibirskaja pravda*, 14. Juni 2016.

332 Vgl. Evgeniy Shmukler: „Poslednij adres 1 maja 2016", in: *Youtube*, 2. Mai 2016. Verfügbar unter: https://www.youtube.com/watch?time_continue=71&v=h06VU7cQ ADU&feature=emb_title [02:02-02:37] (abgerufen am 18.08.2020).

Ieronim benannte, um an „die Tragödien zu erinnern", die in der Sowjetunion geschehen waren und die eigene Familiengeschichte zu verarbeiten. Der Großvater Uborevič wird demnach im Kontext des familiär tradierten Gedächtnisses als Opfer der staatlichen Repressionen verstanden, als Opfer einer Tragödie größeren Ursprungs. Ebendiese Zuschreibung generiert entgegen der Intention der Autor:innen der Poslednij Adres einen heldenhaften Anstrich des Gedenkens. Insofern decken sich die Äußerungen Uborevič-Borovskijs während der Veranstaltung nicht mit der zurückhaltenden Linie Parchomenkos. Vielmehr ist in der Erzählstruktur des Nachkommens eine unkritische Tradierung der Familiengeschichte zu sehen, indem er etwa betont, dass sein Großvater mit herausragenden Persönlichkeiten wie dem Schriftsteller Michail Bulkagov verkehrt haben soll.[333] Darüber hinaus unterstreicht der biographische Beitrag Uborevičs auf der Website der Poslednij Adres in erster Linie seine Erfolge als Heerführer der Roten Armee, wobei die mannigfaltigen Auszeichnungen durch höchste Stellen der revolutionären Staatlichkeit als Beweis interpretiert werden. Der Artikel ist gesäumt von biographischen Randinformationen zum Verstorbenen, wie seinen hervorragenden Leistungen in der Schule oder einfachen Zuschreibungen seiner ergebenen Treue an die Sache der Revolution. Seine Tätigkeit als Heeresführer im Oblast' Tambov wird nur als Beteiligung an der Zerschlagung namentlich benannter konterrevolutionärer Verbände erwähnt. Die Kontroverse um Giftgasangriffe während der Bauernaufstände bleibt an dieser Stelle gänzlich unerwähnt.[334] Es lassen sich hier sowjetische Erzählmuster erkennen, indem die Systemkonformität der erinnerten Personen betont wird, sowie deren Fleiß und Arbeitsamkeit. Insofern erwecken die biographischen Abrisse vielmehr den Eindruck eines sowjetischen biographischen Nachschlagewerkes als den einer objektiven, differenzierten Lebensdarstellung. Die Beiträge bestätigen die Unschuld bei der Verurteilung, wofür die erfolgten Rehabilitierungen gewissermaßen als Beweis interpretiert werden.

Nichtsdestotrotz gibt das Videofragment des Gründungstreffens der Poslednij Adres vom Dezember 2013 tatsächlich zu erkennen, dass darüber diskutiert wurde, dass sich unter den Rehabilitierten auch Vollstrecker:innen des staatlichen Terrors befänden. Würden nun für diese Personen Erinnerungstafeln errichtet, müsse darüber öffentlich debattiert werden. Das Schild soll demzufolge den Anlass dazu bieten, über dieses Täter-Opfer-Verhältnis öffentlich

---

333 Vgl. ebd. [04:32–05:44].

334 Vgl. „Moskva, Bol'šoj Rževskij pereulok, 11", in: *Poslednij adres*, 1. Mai 2016. Verfügbar unter: https://www.poslednyadres.ru/news/news195.htm (abgerufen am 18.08.2020).

ins Gespräch zu kommen, wobei gleichzeitig der Anspruch erhoben wird, eine „wertneutrale" Erinnerung zu praktizieren.[335]

Eine ähnliche öffentliche Diskussion entfachte sich an der Eröffnung einer „Wand des Gedenkens" am 27. Oktober 2018 auf dem Gebiet des ehemaligen NKVD-Hinrichtungsortes *Kommunarka*[336] im Südwesten Moskaus. Kern dieses Konfliktes um die mit privaten Spenden errichtete Erinnerungswand bildete die Frage, ob es möglich sei, gleichzeitig eine Erinnerungswand für die Opfer sowie die Täter des sowjetischen Terrors zu errichten.[337] Die Tatsache, dass sich auch der Name Genrich Jagodas an der Erinnerungswand für die dort begrabenen Exekutierten befindet, löste Kritik an Memorial und dem Moskauer GULag-Museum aus, die gemeinsam mit der russisch-orthodoxen Kirche und in Zusammenarbeit mit den Behörden an der Schaffung der Erinnerungswand beteiligt waren.[338] Der Politologe Sergej Medvedev argumentiert ähnlich wie Parchomenko, indem er betonte, dass es wichtig sei, „dass sowohl Henker als auch Opfer zusammenliegen", da dies „die absolute Blindheit und Unsystematik der Terrormaschine" aufzeige.[339] Im Unterschied zu Poslednij Adres markiere diese Erinnerungswand jedoch ein authentisches Grab und keinen Ort für öffentliche Diskussionen, erklärte dagegen Jan Račinskij.[340]

335 Vgl. Direttore2009: „‚Poslednij Adres'. Memorial'nyj proekt, in: *Youtube*, 23. Dezember 2013. Verfügbar unter: https://www.youtube.com/watch?v=r4rd2YikeXI&feature=youtu.be [04:28-10:17] (abgerufen am 18.08.2020).

336 Nach Angaben Memorials wurden zwischen September 1937 und November 1941 knapp 6600 Menschen auf dem Gebiet der *Kommunarka* beigesetzt. All deren Namen, die im Zentralarchiv des FSB ermittelt werden konnten, befinden sich nun an jener „Wand des Gedenkens". Vgl. „O Stene pamjati v Kommunarke", in: *Meždunarodnyj Memorial*, 2. November 2018. Verfügbar unter: https://www.memo.ru/ru-ru/memorial/departments/intermemorial/news/205 (abgerufen am 18.08.2020).

337 Vgl. Elena Fajnalova: „Kommunarka", in: *Radio Svoboda*, 3. März 2019. Verfügbar unter: https://www.svoboda.org/a/29809226.html (abgerufen am 18.08.2020).

338 Vgl. o.A.: „Jagoda na Stene Pamjati ‚Kommunarki'. ‚Memorial' otvetil na kritiku", in: *Radio Svoboda*, 3. November 2018. Verfügbar unter: https://www.svoboda.org/a/29579804.html (abgerufen am 18.08.2020).

339 Vgl. Medvedev: „Vojny za pamjat'" [Interview mit Anna Narinskaja und Jan Račinskij], in: *Radio Svoboda*, 7. November 2018.

340 Vgl. ebd.

6.5. Resümee

Auf regionaler Ebene in Russland kommt es immer wieder zu Komplikationen und Konflikten zwischen Poslednij Adres und den lokalen staatlichen Behörden. Zwar existiert das staatliche Rahmenprogramm zur Erinnerung an die Opfer der Repressionen, dennoch agiert der Staat in diesem Bereich halbherzig, wird doch eine echte Zivilgesellschaft reglementiert. Dies zeigt sich etwa darin, dass Poslednij Adres sein Projekt nur umsetzen kann, weil es einen Weg über die Zustimmung der Bürger:innen (der Hausbewohner:innen und Eigentümer:innen) gefunden hat. Oder an der Tatsache, dass das Memorial International, mit dem Poslednij Adres eng kooperiert, seit 2016 als „ausländischer Agent" registriert ist.

Die teilweise vorkommenden abweisenden Reaktionen von Bewohner:innen bestätigen das von Memorial postulierte Desinteresse und die Unwissenheit der Bevölkerung bezüglich des Stalinismus und der Repressionen. Daneben demonstrieren die Vandalismus-Vorfälle, dass die Gedenkzeichen und die damit implizierte Geschichtsdeutung einen kleinen Teil der Bevölkerung provozieren. So sind es nationalistisch eingestellte Bürger:innen, die sich aufgrund ihrer politischen Weltanschauung gegen eine Erinnerung an die Opfer Stalins im öffentlichen Raum aussprechen. Insofern löst das Projekt einen gesellschaftlichen Konflikt aus, der in Form von Vandalismus besonders stark zu Tage tritt.

Daneben führt auch die Erinnerung an umstrittene Personen, die vor ihrer Verurteilung selbst in den sowjetischen Terror verstrickt gewesen waren, zu Diskussionen in russischsprachigen Medien und Netzwerken. Poslednij Adres schreibt sich zwar eine wertneutrale, nicht ehrende Erinnerung auf die Fahnen, dies steht jedoch in offensichtlichem Widerspruch zu der Erzählstruktur der biographischen Darstellungen der Website sowie zu den Narrativen, die teilweise von Nachkommen während der Eröffnungsrituale verbreitet werden. Hier zeichnet das Projekt selbst ein Opfernarrativ nach, ohne gesondert zwischen Tätern und Opfern zu trennen. Im Falle Uborevič wird dieser Konflikt und Widerspruch besonders deutlich. Fraglich bleibt zudem, ob die Bevölkerung zu unterscheiden weiß zwischen wertneutralem Erinnern, wie Parchomenko es anstrebt, und einer ehrenden Erinnerung durch *Memorial'nye Doski*, wie sie in sowjetischer und russischer Tradition stehen.

7. Poslednij Adres und Stolpersteine – Ein transnationaler Ansatz der Erinnerung?

Dass das Projekt Poslednij Adres oftmals mit den Stolpersteinen verglichen wird, resultiert zum einen aus der öffentlichen Bekundung Sergej Parchomenkos, er habe sich beim Entwurf der Poslednij Adres am deutschen Modell orientiert und davon inspirieren lassen. Zum anderen griffen liberale russische Medien diesen Vergleich dankbar auf und teilten ihn. So ist es nicht überraschend, dass das Projekt Poslednij Adres auch alsbald in Deutschland wohlwollende Bekanntheit erlangte. Dies kommt darin zum Ausdruck, dass die Initiative im Juni 2018 einstimmig den Karl-Wilhelm-Fricke-Sonderpreis der Bundesstiftung zur Aufarbeitung der SED-Diktatur erhielt.[341] Darüber hinaus arbeitet Poslednij Adres mit Memorial Deutschland zusammen, was im September 2019 in der Installation eines ersten Gedenkschildes in Deutschland gipfelte. Gewidmet wurde das Täfelchen im thüringischen Treffurt dem in die Sowjetunion verschleppten und im Jahr 1952 zum Tode verurteilten Heinz Baumbach.[342]

> Dieses Mahnmal [Stolperstein] funktioniert unwillkürlich: ohne es zu wollen, wird man an das erinnert, woran man eigentlich gar nicht hatte denken wollen: es erinnert mich,

---

341 Vgl. „Karl-Wilhelm-Fricke-Preis 2018: Dr. Sabine Kuders Laudatio auf ‚Posledny Adres'", in: *Bundesstiftung Aufarbeitung*, 17. März 2020. Verfügbar unter: https://www.bundesstiftung-aufarbeitung.de/de/recherche/mediathek/karl-wilhelm-fricke-preis-2018-dr-sabine-kuders-laudatio-auf-posledny-adres (abgerufen am 18.08.2020). Das Preisgeld konnte jedoch aufgrund der Gefahr, beim russischen Justizministerium als ausländischer Agent registriert zu werden, nicht angenommen werden, weshalb es an den ukrainischen Zweig der Letzten Adresse, Ostannya Adresa, übergeben wurde. Vgl. Anna Schor-Tschudnowskaja: „Internationale Bewegung Die Letzte Adresse". 2021, S. 260.

342 Vgl. „Erste Gedenktafel in Deutschland", in: *Memorial Deutschland*. Verfügbar unter: https://www.memorial.de/index.php/aktuell/veranstaltungen/7747-erste-gedenktafel-in-deutschland (abgerufen am 18.08.2020).
Im Juli 2020 wurde ein zweites Gedenkschild in Naumburg für Helmut Sonnenschein installiert. Sonnenschein wurde in der in der DDR zum Tode verurteilt, nach Moskau gebracht und dort exekutiert. In den 1990er Jahren wurde Sonnenschein rehabilitiert. Vgl. Mandy Ganske-Zapf: „Warum in Naumburg an Helmut Sonnenschein erinnert wird", in: *MDR Sachsen-Anhalt*, 16. Juli 2020. Verfügbar unter: https://www.mdr.de/sachsen-anhalt/halle/saalekreis/letzte-adresse-opfer-stalinismus-naumburg-100.html (abgerufen am 18.08.2020).

> es unterläuft mich. Dieser Stolperstein, dieser unwillkürliche Erinnerungsreflex, der einen unvermittelt trifft, ist das Gegenteil eines verabredeten Gedenkmechanismus.[343]

Die Beschreibung eines „unwillkürlichen Erinnerungsreflexes“ von Aleida Assmann lässt sich durchaus auf Poslednij Adres übertragen. Zum einen aufgrund der sukzessiven Verbreitung in russischen Stadträumen und dem damit verbundenen Wiedererkennungswert der Erinnerungszeichen. Zum anderen auch durch die unweigerliche Konfrontation mit der negativen Historie an den Wohnorten von Bewohner:innen und Eigentümer:innen, die es von der Installation der Schilder zu überzeugen gilt. Gleichzeitig wirft die Nähe zum deutschen Modell – den Stolpersteinen – die grundsätzliche Frage nach der Sinnhaftigkeit eines solchen Vergleiches beziehungsweise der Anwendung von externen Formen der „Vergangenheitsbewältigung“ auf, da dies unter Umständen zu einer verkürzten und unzureichenden Analyse und Darstellung führt. So ist es, wie Jutta Scherrer unterstreicht, nicht angebracht, „im Namen einer anscheinend gelungenen deutschen ‚Vergangenheitsbewältigung‘ Russland gut gemeinte, auf jeden Fall aber falsch verstandene Ratschläge zu geben.“[344]

Schon der in der wissenschaftlichen Literatur vorgenommene Vergleich des sowjetischen Terrors als „the other holocaust“ macht deutlich, dass eine genauere Analyse der russischen Erinnerungskultur notwendig ist.[345] Auch Poslednij Adres-Initiator Parchomenko konstatiert: „Unseres Land hat seinen eigenen Holocaust unter der Bezeichnung ‚Politischer Repressionen‘ [gehabt].“[346] Daneben schreibt Alexander Etkind: „Whereas Holocaust studies of cultural memory boomed in the last years of the twentieth century, the history and memory of the Soviet terror in the global arena has not advanced much since the times of the Gulag Archipelago.“ Und weiter: „Symmetry of evil does not presume symmetry of memory.“[347] Hier lässt sich ein vorgeworfener Alleinstellungsanspruch der Shoa in Wissenschaft und Erinnerung herauslesen, in dessen Schatten sich die Erinnerung und internationale Auseinandersetzung mit dem Stalinismus

---

343 Aleida Assmann: „Erinnerung als Stolperstein“, in: Rudolf Herz und Matthias Reichelt et al. (Hrsg.): *Zwei Entwürfe zum Holocaust-Denkmal in Berlin*. Nürnberg 2001, S. 87–90, hier: S. 89f.

344 Scherrer: „Erinnern und Vergessen“. 2009, S. 38.

345 Vgl. Stephen F. Cohen, The Victims Return. Survivors of the Gulag after Stalin. Exeter 2010, S. 1.

346 Parchomenko: „‚Poslednij adres‘. Vremja sobirat’ kamni“ [Interview], in: *Permskoe krajevoe otdelenie meždunarodnogo obščesvta ‚Memorial‘*.

347 Etkind: „Hard and Soft in Cultural Memory“. 2004, S. 38.

befindet. Tatsächlich besteht zwischen der Erinnerung an den Holocaust und an die stalinistischen Verbrechen ein Spannungs- und zum Teil Konkurrenzverhältnis, das bereits zu Konflikten etwa in den europäischen Instituten sowie zwischen europäischen Staaten und Gesellschaften geführt hat.[348] An dieser Stelle sei deshalb eine Formel des Historikers Bernd Faulenbach angeführt, die potentielle Erinnerungskonflikte abwenden soll:

1. The memory of Stalinist Terror must not be allowed to relativize the memory of the Holocaust.
2. The memory of the Holocaust must not be allowed to *trivialize* the memory of the Stalinist Terror.[349]

Die Formel Faulenbachs könne, so Aleida Assmann, einem blockierten Weg zu einem stärker integrierten europäischen Gedächtnis entgegenwirken.[350] Die Voraussetzungen für die Erinnerung an den staatlichen Terror in Deutschland und in Russland sind jedoch kaum vergleichbar. So kam es in Russland zu keiner Verurteilung der Täter:innen der politischen Repressionen in der staatlichen Erinnerungspraxis. Um die Worte Jutta Scherrers aufzugreifen: In der offiziellen staatlichen Erinnerungskultur fehlt die Dimension der Verantwortung.[351] Gleichzeitig erfolgt in der russischen Erinnerungskultur keine klare Trennung zwischen Opfern und Tätern des Terrors. Dies resultiert zum einen aus der fehlenden juristischen Verurteilung und Aufarbeitung sowie aus der russischen Spezifik der Vermischung von Opfer- und Täterschaft im Stalinismus.[352] Zu nennen ist darüber hinaus eine jahrzehntelang vom Staat vorgegebene geschichtspolitische Propaganda, die wenig Raum für alternative Interpretationen ließ.

---

348 Vgl. Birgit Schwelling: „Identität – Differenz – Ähnlichkeit. Überlegungen zu Konzepten der Vermessung des europäischen Erinnerungsraums“, in: Kirstin Schoor und Stefanie Schüler-Springorum (Hrsg.): *Nationale und transnationale Erinnerungsräume im östlichen Europa*. Bonn 2016, S. 16–32, hier: S. 19.

349 Bernd Faulenbach: „Probleme des Umgangs mit der Vergangenheit im vereinten Deutschland. Zur Gegenwartsbedeutung der jüngsten Geschichte“, in: Werner Weidenfeld (Hrsg): Deutschland. Eine Nation – doppelte Geschichte. Materialien zum deutschen Selbstverständnis. Köln 1993, S. 190, zitiert nach: Aleida Assmann: „Europe's Divided Memory“, in: Uilleam Blacker et al. (Hrsg.): *Memory and Theory in Eastern Europe*. Basingstoke 2013, S. 25–43, hier: S. 28f.

350 Vgl. ebd. S. 29.

351 Vgl. Scherrer: „Erinnern und Vergessen“. 2009, S. 39.

352 Vgl. Masha Gessen: Vergessen. Stalins Gulag in Putins Russland. München 2019, S. 103.

Trotz der dargelegten Unterschiede im Umgang mit der negativen Vergangenheit unternahm der Historiker Mischa Gabowitsch in seinem Sammelband „Replicating Atonement" den Versuch, anhand von verschiedenen länderspezifischen Fallbeispielen nachzuzeichnen, wie diese Länder in Anlehnung an das oftmals als normativ geltende Modell der „Vergangenheitsbewältigung" neue und kreative Formen der Erinnerung erschaffen.[353] Mit Blick auf die Sowjetunion vertritt Gabowitsch die These, dass die deutschen Bemühungen einer Vergangenheitsbewältigung die sowjetische Intelligenz in ihren Sichtweisen des Stalinismus und der politischen Unterdrückung beeinflussten. Die daraus resultierenden Vergleiche zwischen Deutschland und Russland durch die sowjetische und russische Intelligenz seit den 1960er Jahren bis in die 1990er Jahre erwiesen sich jedoch als unproduktiv, blieben sie doch auf Literatur, Film oder Theater beschränkt.[354] Bis in die frühen 1970er Jahre wurde die deutsche nationalsozialistische Vergangenheit für einen kleinen Teil der urbanen sowjetischen Intelligenz zum Spiegel für die sowjetische totalitäre Vergangenheit. Erst mit der Perestrojka Ende der 1980er Jahre wurde die Vergangenheitsbewältigung in der Bundesrepublik für einen größeren Kreis sowjetischer Autor:innen zu einem moralischen Vorbild. Wesentlich erscheint dabei, dass viele sowjetische Historiker:innen und Menschenrechtsaktivist:innen in den Stalinismusdebatten der Jahre 1987 bis 1988 eine sehr idealisierte Version der deutschen Vergangenheitsbewältigung als nicht zu erreichenden Standard aufrechthielten, was ihre eigenen Bemühungen stark schmälerte. Um die 2010er Jahre entstanden aus Deutschland inspirierte spezifische Ideen zur Auseinandersetzung mit der eigenen Vergangenheit in Russland, um einer vermeintlichen öffentlichen Rehabilitation Stalins entgegenzuwirken. In diesen Kontext verortet Gabowitsch neben dem Projekt Memorials *Topografija terrora* auch Poslednij Adres, die er als Zeichen einer neuen, kreativen Aneignung der deutschen Erfahrung interpretiert.[355]

Poslednij Adres profitiert letztlich von der deutschen beziehungsweise europäischen Erfahrung mit der Vergangenheitsbewältigung in Form der Stolpersteine. Dennoch entwickelte sich daraus ein eigenständiges Projekt, das

353 Vgl. Mischa Gabowitsch: „Replicating Atonement: The German Model and Beyond", in: Mischa Gabowitsch (Hrsg.): *Replicating Atonement: Foreign Models in the Commemoration of Atrocities*. Basingstoke 2017, S. 1–24, hier: S. 2.

354 Vgl. Gabowitsch: „Foils and Mirrors: The Soviet Intelligentsia and German Atonement", in: Mischa Gabowitsch (Hrsg.): *Replicating Atonement: Foreign Models in the Commemoration of Atrocities*. Basingstoke 2017, S. 267–304.

355 Vgl. ebd., S. 284, 290–293f.

wiederum spezielle Fragestellungen hinsichtlich der sowjetischen Vergangenheit aufwirft. Gleichzeitig eröffnet die Erinnerung an deutsche Opfer der sowjetischen Repressionen Möglichkeiten einer gemeinsamen deutsch-russischen Erinnerung an die Opfer staatlicher Verbrechen. Doch auch die Verbreitung des Projektes in postsozialistischen Staaten, wie Georgien, Moldau, der Ukraine oder Tschechien, bietet Ansätze einer gemeinsamen transnationalen Erinnerung an die Opfer der sowjetischen respektive sozialistischen Repressionen. Hier haben sich am russischen Modell orientierte, jedoch eigenständig agierende Poslednij Adres-Verbände gegründet.[356]

356 Ziel weiterer Forschungsarbeit im Rahmen meines Promotionsvorhabens wird es unter anderem sein, anhand der Analyse der verschiedenen Zweigstellen des Projektes Poslednij Adres nach einem Kanon postsozialistischer Erinnerungskultur zu fragen.

8. Schluss

Alle Opfer der sowjetischen Repressionen beim Namen zu nennen, wie es sich die Schriftstellerin Anna Achmatova einst gewünscht hatte, wird auch durch Poslednij Adres nicht möglich sein. Dennoch stiftet das Projekt einen bedeutenden Beitrag zu einer postsozialistischen Erinnerungskultur. Es eröffnet transnationale Perspektiven des Erinnerns. Die Initiative verkörpert eine neue Form des Gedenkens, das vielschichtig und komplex ist. So sind diverse Akteure am Erinnerungsprozess der Poslednij Adres beteiligt. Im Umgang mit staatlichen Behörden gilt es für die Akteur:innen des Projektes, sich an stets neue Gegebenheiten und Prozesse anzupassen, um das Gedenken trotz aller potentiell auftretenden Schwierigkeiten und Konflikte weiterführen zu können. Insofern zeigt Poslednij Adres anschaulich, wie eine gesellschaftliche Initiative den Weg durch den behördlichen Dschungel fand, um sich zu konstituieren und damit letztlich bis dato erfolgreich zu sein. Gleichsam wird ersichtlich, dass die staatliche Erinnerungspraxis an sich ambivalent und teilweise widersprüchlich ist: So wird das von Poslednij Adres praktizierte Erinnern zwar von der offiziellen staatlichen Konzeption bezüglich der Erinnerung an die Opfer des Terrors gedeckt, dennoch agieren lokale Beamt:innen scheinbar willkürlich und für das Projekt unberechenbar. Fraglich bleibt zudem, ob auch Poslednij Adres in Zukunft als „ausländischer Agent“ registriert werden könnte, unter anderem aufgrund der geschilderten Kooperation mit Memorial, deren Dachorganisationen im Begriff sind, vom Staat eingedämmt zu werden.

Der Blick der russischen Gesellschaft auf das Projekt schwankt zwischen Wohlwollen, wie es in den Eröffnungsritualen zum Ausdruck kommt, und extremer Ablehnung, wie die Vorfälle des Vandalismus demonstrieren. Insofern stiftet das Projekt einen (gewollten) gesellschaftlichen Konflikt, in dessen Mittelpunkt die Frage steht, welchen Stellenwert die Erinnerung an die Millionen Toten des staatlichen Terrors im vergangenen Jahrhundert einnehmen soll.

Poslednij Adres spiegelt ein opferzentriertes Gedenken wider, wie es in vielerlei Formen und Kontexten, insbesondere an landesweiten Feiertagen in Russland, existiert. Erkennbar werden diese bei diversen Aktionen Memorials, wie etwa *Vozvraščenie imën* (Rückgabe der Namen) oder aber beim Marsch des *Bessmertnyj Polk* (Unsterbliches Regiment) anlässlich der Feiern zum Gedenken an den Sieg im Großen Vaterländischen Krieg. Die Fragen nach den Täter:innen beziehungsweise der gesellschaftlichen Mitverantwortung an den Repressionen wird dagegen nicht explizit gestellt. Zwar betont Sergej Parchomenko immer wieder, dass es sich bei den Gedenktäfelchen um eine „wertungsneutrale" Erinnerung handele, die nicht zu Ehren einer Person stattfinde. Ob dies auch von der Gesellschaft, insbesondere den Initiator:innen der Gedenkschilder, so wahrgenommen wird, darf jedoch bezweifelt werden.

Die große Bedeutung des Projektes liegt schließlich darin, dass es kontinuierlich wächst und die Täfelchen in russischen Städten und Dörfern Verbreitung finden. In Rückbezug auf Aleida Assmann folgt daraus ein „unwillkürlicher Erinnerungsreflex", da die Schilder über einen hohen Wiedererkennungswert verfügen. Sie regen dazu an, sich zwangsläufig mit ihnen und vor allem ihren Inhalten auseinanderzusetzen. Darüber hinaus bietet die Verbreitung im städtischen Raum eine Teilhabe am zivilgesellschaftlichen „doing memory"-Konzept.

Als besonders wichtig ist hervorzuheben, dass die Installation neuer Schilder von Eröffnungsritualen begleitet wird, die eine Erinnerungsgemeinschaft und ein Netzwerk stiften, die beide wiederum das Gedenken weitertragen und sich reproduzieren. Die Schilder stehen demnach für physische Zentren neuer Rituale des Gedenkens. Die ritualisierte Anbringung neuer Täfelchen bietet nicht nur eine Diskussion über den Großen Terror und den Stalinismus an, sondern auch über die Chruščëv-Ära und das Konzept der Rehabilitierung. Dieser Diskurs wird, wie es der Fall Uborevič demonstriert, in den virtuellen Medien und sozialen Netzwerken weitergeführt.

Sämtliche Bewohner:innen einer russischen Stadt oder eines Dorfes können sich in den Erinnerungsprozess durch die persönliche Initiierung eines Gedenkzeichens oder die explizite Genehmigung für die Installation an ihrem Haus einbringen. Dabei darf jedoch nicht außer Acht gelassen werden, dass die Übernahme der Kosten eines Gedenkschildes in Höhe von 4000 Rubel[357] ein nicht unerhebliches Maß an Eigeninitiative und Motivation erfordert.

Zugleich beinhaltet die Partizipation am Projekt Poslednij Adres eine immer größer werdende politische Komponente. Dies zeigte sich besonders deutlich, als die Dachorganisationen Memorials, der engste Kooperationspartner der Poslednij Adres, im Dezember 2021 per Gerichtsverfahren in Moskau zur Auflösung gezwungen wurden. Auch der 24. Februar 2022 und die damit einhergehende mediale Zensur innerhalb Russlands wird der Teilnahme am Projekt Poslednij Adres einen neuen, politisierten Anstrich verleihen.

Gleichwohl bleibt das Anliegen bestehen, aus der Mitte der russischen Gesellschaft heraus an die verfolgten Vorfahren zu erinnern. Seit Beginn des russischen Angriffskrieges, zwischen März und Juni 2022, wurden in Moskau, Perm,

---

357 Ca. 67 Euro, Stand der Umrechnung Juni 2022.

Sankt Petersburg, Ekaterinburg sowie im tschechischen Prag neue Täfelchen unter öffentlicher Teilhabe eingeweiht. Weitere Gedenkzeichen für das Jahr 2022 sind in Kostroma, Brjansk, Sankt Petersburg, Novosibirsk, Velikij Novgorod oder Moskau geplant. Das zivilgesellschaftliche Erinnern an den letzten Adressen politisch Unterdrückter in Russland und weiteren Ländern Ostmittel- und Osteuropas geht weiter. Die Nachkommen der verfolgten Personen bringen Täfelchen an, um gegen die Staatsgewalten zu protestieren. Sie geben den Toten eine Präsenz zurück, indem die Namen der Verstorben an ihr Leben erinnern und ein dauerhaftes Zeichen gesetzt wird. Es wird eine Brücke geschlagen zwischen den Toten und den Lebenden sowie den ihnen nachfolgenden Generationen, die die Zeichen an der Wand erblicken.

Quellen- und Literaturverzeichnis

Literatur

ACHMATOVA, ANNA: Requiem. Berlin 1987.

ADLER, NANCI: The Gulag Survivor. Beyond the Soviet System. New Brunswick und London 2002.

ADLER, NANCI: Victims of Soviet Terror. The Story of the Memorial Movement. Westport und London 1993.

ANNA SCHOR TSCHUDNOWSKAJA: „Internationale Bewegung Die letzte Adresse. Wie die Idee der Stolpersteine in eine Erinnerung an den Staatsterror in der Sowjetunion umgewandelt wird", in: Silvija Kavčič, Thomas Schaarschmidt, Anna Warda und Irmgard Zündorf (Hrsg.): *Steine des Anstoßes. Die Stolpersteine zwischen Akzeptanz, Transformation und Adaption*. Berlin 2021, S. 239–263.

APPLEBAUM, ANNE: Gulag. A History of the Soviet Camps. London 2004.

ASSMANN, ALEIDA: Der europäische Traum. Vier Lehren aus der Geschichte, München 2020.

ASSMANN, ALEIDA: Formen des Vergessens, Bonn 2018.

ASSMANN, ALEIDA: „Europe's Divided Memory", in: Uilleam Blacker et al. (Hrsg.): *Memory and Theory in Eastern Europe*. Basingstoke 2013, S. 25–43.

ASSMANN, ALEIDA: „Geschichte findet Stadt", in: Moritz Csáky und Christoph Leitgeb (Hrsg.): *Kommunikation – Gedächtnis – Raum*. Bielefeld 2009, S. 13–27.

ASSMANN, ALEIDA: „Die Last der Vergangenheit", in: *Zeithistorische Forschungen* 4, 3 (2007), S. 375–385.

ASSMANN, ALEIDA: „Erinnerung als Stolperstein", in: Rudolf Herz und Matthias Reichelt et al. (Hrsg.): *Zwei Entwürfe zum Holocaust-Denkmal in Berlin*. Nürnberg 2001, S. 87–90.

ASSMANN, JAN: Das kulturelle Gedächtnis. Schrift, Erinnerung und politische Identität in frühen Hochkulturen. München 2000.

BABERWOSKI, JÖRG: Verbrannte Erde. Stalins Herrschaft der Gewalt. München 2012.

BERGER, STEFAN und SEIFFER, JOANNA: „Erinnerungsorte – ein Erfolgskonzept auf dem Prüfstand", in: Stefan Berger und Joanna Seiffer (Hrsg.): *Erinnerungsorte: Chancen, Grenzen und Perspektiven eines Erfolgskonzeptes in den Kulturwissenschaften*. Essen 2014, S. 11–36

Besedina, E. A. und Burkova, T. V.: „‚Gorod dolžen govorit'…‘ Memorial'naja doska kak znak kommemoracii i kommunikacii v sociokul'turnom prostranstve“, in: *Ljudi i teksty. Istoričeskij al'manach*. Moskva 2014, S. 150–174.

Besedina, E. A. und Burkova, T. V: „‚V ėtom zdanii žil i rabotal…‘: Memorial'nye doski kak obraz istoričeskoj pamajti“, in: A. A. Dimitriev und A. S. Jarmoš (Hrsg.): *Iskusstvo i zritel'*. Sankt Petersburg 2013, S. 45–67.

Bogumil, Zuzanna: Gulag Memories. The Rediscovery and Commemoration of Russia's Repressive Past. New York und Oxford 2018.

Bonwetsch, Bernd: „Gulag. Willkür und Massenverbrechen in der Sowjetunion 1917–1953. Einführung und Dokumente“, in: Julia Landau und Irina Scherbakowa (Hrsg.): *Gulag. Texte und Dokumente, 1929–1956*. Bonn 2014, S. 30–49.

Chlewnjuk, Oleg: Stalin. Eine Biographie. München 2015.

Conquest, Robert: Der Große Terror. Sowjetunion 1934–1938. München 1993.

Cohen, Stephen E.: The Victims Return. Survivors of the Gulag After Stalin. Exeter 2010.

Die Geheimrede Chruschtschows. Über den Personenkult und seine Folgen. Rede des Ersten Sekretärs des ZK der KPdSU, Gen. N. S. Chrustschow, auf dem XX. Parteitag der Kommunistischen Partei der Sowjetunion, 25. Februar 1956. Beschluß des Zentralkomitees der KPdSU über die Überwindung des Personenkults und seiner Folgen, 30. Juni 1956. Berlin (DDR) 1990.

Dobson, Miriam: „Afterword: Stalinist Rehabilitations in a Pan-European Perspective“, in: K. McDermott und M. Stibbe (Hrsg.): *De-Stalinising Eastern Europe*. London 2015, S. 237–245.

Dobson, Miriam: Khrushchev's cold summer: Gulag returnees, crime, and the fate of reform after Stalin. Ithaca 2009.

Elie, Marc: „Rehabilitation in the Soviet Union, 1953–1964: A Policy Unachieved“, in: K. McDermott und M. Stibbe (Hrsg.): *De-Stalinising Eastern Europe*. London 2015, S. 25–45.

Erll, Astrid: Kollektives Gedächtnis und Erinnerungskulturen. Eine Einführung. Stuttgart 2017.

Erll, Astrid: Kollektives Gedächtnis und Erinnerungskulturen. Eine Einführung. Stuttgart und Weimar 2011, S. 30–36.

Etkind, Alexander: Warped Mourning. Stories of the Undead in the Land of the Unburied. Stanford 2013.

Etkind, Alexander: „Hard and Soft in Cultural Memory: Political Mourning in Russia and Germany“, in: *Grey Room*, 16 (2004) Memory/History/Democracy, S. 36–59.

FEIN, ELKE: „Memorial und die post-sowjetische Erinnerungskultur“, in: Lars Karl und Igor J. Polianski (Hrsg.): *Geschichtspolitik und Erinnerungskultur im neuen Russland*, Reihe: Formen der Erinnerung, Band 40. Göttingen 2009, S. 165–186.

FEUCHTWANG, STEPHEN: „Ritual and Memory“, in: Susannah Radstone und Bill Schwarz (Hrsg.): *Memory. Histories, Theories, Debates*. New York 2010, S. 281–298.

FIESELER, BEATE: „Ende des Gulag-Systems? Amnestien und Rehabilitierungen nach 1953“, in: Julia Landau und Irina Scherbakowa (Hrsg.): *Gulag. Texte und Dokumente 1929–1956*. Bonn 2014, S. 170–179.

FRENKEL, ELIZA: „Installing a Biography: The Intertwined Pathway of a Last Address Memorial Plaque in Post-Soviet Russia“, in: *Contemporary – Journal of Sociology at UFSCar* 11,1 (2021), S. 43–66.

FUCHS, ECKHARDT und MIETZNER, ULRIKE: „Erinnerungsräume – Geschichte des Umgangs mit Erinnerung: Einleitung in den Themenschwerpunkt“, in: Meike Baader und Esther Berner et al. (Hrsg.): *Jahrbuch für Historische Bildungsforschung 2016: Erinnerungsräume*. Bad Heilbrunn 2016, S. 9–16.

GABOWITSCH, MISCHA: „Replicating Atonement: The German Model and Beyond“, in: Mischa Gabowitsch (Hrsg.): *Replicating Atonement: Foreign Models in the Commemoration of Atrocities*. Basingstoke 2017, S. 1–24.

GABOWITSCH, MISCHA: „Foils and Mirrors: The Soviet *Intelligentsia* and German Atonement“, in: Mischa Gabowitsch (Hrsg.): *Replicating Atonement: Foreign Models in the Commemoration of Atrocities*. Basingstoke 2017, S. 267–304.

GANZENMÜLLER, JÖRG und UTZ, RAPHAEL: „Exkulpation und Identitätsstiftung. Der Gulag in der russischen Erinnerungskultur“, in: Jörg Ganzenmüller und Raphael Utz (Hrsg.): *Sowjetische Verbrechen und russische Erinnerung. Orte – Akteure – Deutungen*. Jena 2014, S. 1–30.

GESSEN, MASHA: Vergessen. Stalins Gulag in Putins Russland. München 2019.

GESSEN, MASHA: Die Zukunft ist Geschichte. Wie Russland die Freiheit gewann und verlor. Berlin 2018.

GESTWA, KLAUS: „Putin, der Cliotherapeut. Überdosis an Geschichte und politisierte Erinnerungskonflikte in Osteuropa“, in: Neue Politische Literatur 67, (2022), S. 15–53.

GUDEHUS, CHRISTIAN et al.: Gedächtnis und Erinnerung. Ein interdisziplinäres Handbuch. Stuttgart und Weimar 2010.

HALBWACHS, MAURICE: Das kollektive Gedächtnis. Frankfurt am Main 1985.

HILDERMEIER, MANFRED: „Stalinismus und Terror“, in: *Osteuropa* 50, 6 (2000), S. 593–605.

HILGER, ANDREAS: „Limited rehabilitation? Historical observations on the legal rehabilitation of foreign citizens in today's Russia", in: Manfred Berg und Bernd Schäfer (Hrsg.): *Historical justice in international perspective. How societies are trying to right the wrongs of the past*. Cambridge 2009, S. 165–186.

HILGER, ANDREAS: „Grenzen der Entstalinisierung. Sowjetische Politik zwischen Rehabilitierung und Repression, 1953 bis 1964", in: Hermann Wentker et al. (Hrsg.): *Kommunismus in der Krise. Die Entstalinisierung 1956 und die Folgen*. Göttingen 2008, S. 253–273.

HIRSCH, MARIANNE: The Generation of Postmemory. Writing and Visual Culture After the Holocaust. New York 2012.

HIRSCH, MARIANNE: „The Generation of Postmemory", in: *Poetics Today* 29, 1 (2008), S. 103–128.

KONRADOVA, NATAL'JA: „Suche nach der Form. Gulag-Denkmäler in Rußland", in: *Osteuropa* 57, 6 (2007), S. 421–439.

KOPALIN, LEONID P.: „Zur Rehabilitierung deutscher Staatsbürger, die von sowjetischen Organen aus politischen Motiven repressiert wurden", in: Klaus-Peter Graffius und Horst Hennig (Hrsg.): *Zwischen Bautzen und Workuta. Totalitäre Gewaltherrschaft und Haftfolgen*. Leipzig 2004, S. 184–209.

KRAUSE, SABINE: „Arbeit am und im Erinnerungsraum – Einsätze aus Geschichtswissenschaft, Kulturwissenschaft und Bildungswissenschaft", in: Meike Baader und Esther Berner et al. (Hrsg.): *Jahrbuch für Historische Bildungsforschung 2016: Erinnerungsräume*. Bad Heilbrunn 2016, S. 17–38.

KURILO, OLGA: „Wandel in der Erinnerungslandschaft im heutigen Russland. Zwischen sowjetischem und postsowjetischem Denken, in: Lars Karl und Igor Polianski, (Hrsg.): *Geschichtspolitik und Erinnerungskultur im neuen Russland*. Göttingen 2009, S. 141–164.

LEZINA, EVGENIJA: „Memorial und seine Geschichte. Russlands historisches Gedächtnis", in: *Osteuropa* 64, 11–12 (2014), S. 165–176.

LIPMAN, MARIA: „Russia's Nongovernmental Media under Assault", in: Peter Rollberg und Marlene Laruelle (Hrsg.): Mass Media in the Post-Soviet World. Market Forces, State Actors, and Political Manipulation in the Informational Environment after Communism. Stuttgart 2018, S. 41–56

MAKHOTINA, EKATERINA: „Ein ‚victim turn'? Gesellschaftliche und staatliche Formen der Opfererinnerung in Russland", in: *Totalitarismus und Demokratie*, 16 (2019), S. 61–74.

MAKHOTINA, EKATERINA: „Räume der Trauer-Stätten, die schweigen. Symbolische Ausgestaltung und rituelle Praktiken des Gedenkens an die Opfer des Stalinistischen Terrors in Levašovo und Sandormorch", in: Jörg Ganzenmüller und Raphael Utz (Hrsg.): *Sowjetische Verbrechen und russische Erinnerung. Orte - Akteure - Deutungen.* Jena 2014, S. 31–58

Makhotina, Ekaterina: Stolzes Gedenken und traumatisches Erinnern. Gedächtnisorte der Stalinzeit am Weißmeerkanal. Frankfurt am Main 2013.

Memorial: „Das Jahr 1937 und die Gegenwart. Thesen von Memorial", in: Osteuropa 57, 6 (2007), S. 387–394.

McLoughlin, Barry: „Die Massenoperationen des NKWD. Die Dynamik des Terrors 1937/38", in: Wladislaw Hedeler (Hrsg.): *Stalinscher Terror 1934–1941. Eine Forschungsbilanz.* Berlin 2002, S. 33–50.

Merl, Stephan: „Berija und Chruščev. Entstalinisierung oder Systemerhalt? Zum Grunddilemma sowjetischer Politik nach Stalins Tod", in: *Geschichte in Wissenschaft und Unterricht* 52 (2001), S. 484–506.

Neutatz, Dietmar: „Taking Stock of the Khrushchev Era", in: Thomas M. Bohn et al. (Hrsg.): *De-Stalinisation Reconsidered. Persistence and Change in the Soviet Union.* Frankfurt am Main 2014, S. 251–262.

Olick, Jeffrey K.: The Politics of Regret. On Collective Memory and Historical Responsibility. New York 2007.

Olick, Jeffrey K.: States of Memory. Continuities, Conflicts, and Transformations in National Retrospection. Durham und London 2003.

Petermann, Sandra: Rituale machen Räume. Zum kollektiven Gedenken der Schlacht von Verdun und der Landung in der Normandie. Bielefeld 2007.

Petrov, N. V. und Skorkin, K. V.: Kto rukovodil NKVD, 1934–1941. Spravočnik. Moskva 1999.

Plaggenborg, Stefan: Experiment Moderne. Der sowjetische Weg. Frankfurt am Main 2006.

Plaggenborg, Stefan: „Stalinismus als Gewaltgeschichte", in: Stefan Plaggenborg (Hrsg.): *Stalinismus. Neue Forschungen und Konzepte.* Berlin 1998, S. 71–112.

Plaggenborg, Stefan: „Gewalt im Stalinismus. Skizzen zu einer Tätergeschichte", in: Manfred Hildermeier (Hrsg.): *Stalinismus vor dem Zweiten Weltkrieg. Neue Wege der Forschung.* München 1998, S. 193–208.

Ricœur, Paul: Das Rätsel der Vergangenheit. Erinnern - Vergessen - Verzeihen, Essen 1998.

Roginskij, Arsenij: „Fragmentierte Erinnerung. Stalin und der Stalinismus im heutigen Russland", in: *Osteuropa* 67, 11–12 (2017), S. 81–88.

Ščerbakova, Irina: „Memorial unter Druck. Techniken des repressiven Staates in Russland" in: *Osteuropa* 70, 3–4 (2020), S. 215–228.

SCHERBAKOWA, IRINA: Zerrissene Erinnerung. Der Umgang mit Stalinismus und Zweitem Weltkrieg im heutigen Russland. Göttingen 2010.

SCHERRER, JUTTA: „Erinnern und Vergessen: Russlands Umgang mit (seiner) Geschichte in einer europäischen Perspektive", in: Lars Karl und Igor J. Polianski (Hrsg.): *Geschichtspolitik und Erinnerungskultur im neuen Russland*, Reihe: Formen der Erinnerung, Band 40. Göttingen 2009, S. 23–41.

SCHLÖGEL, KARL: Das sowjetische Jahrhundert. Archäologie einer untergegangenen Welt. München 2018.

SCHLÖGEL, KARL: Terror und Traum. Moskau 1937. München 2008.

SCHLÖGEL, KARL: „Orte und Schichten der Erinnerung. Annäherungen an das östliche Europa", in: *Osteuropa* 58, 6 (2008), S. 13–25.

SCHOR-TSCHUDNOWSKAJA, ANNA: „Aktivisten des Andenkens. Die Gesellschaft Memorial", in: Jörg Ganzenmüller und Raphael Utz (Hrsg.): *Sowjetische Verbrechen und russische Erinnerung. Orte – Akteure – Deutungen*. Jena 2014, S. 137–160.

SCHWELLING, BIRGIT: „Identität – Differenz – Ähnlichkeit. Überlegungen zu Konzepten der Vermessung des europäischen Erinnerungsraumes", in: Kerstin Schoor und Stefanie Schüler-Springorum (Hrsg.): *Gedächtnis und Gewalt. Nationale und transnationale Erinnerungsräume im östlichen Europa*. Bonn 2016, S. 16–32.

SLUTSCH, SERGEJ: „Macht und Terror in der Sowjetunion", in: Volkhard Knigge und Norbert Frei (Hrsg.): *Verbrechen erinnern. Die Auseinandersetzung mit Holocaust und Völkermord*. München 2002, S. 111–124.

SMITH, KATHLEEN E.: „Conflict over Designing a Monument to Stalin's Victims: Public Art and Political Ideology in Russia, 1987–1996", in: James Cracraft und Daniel Rowland (Hrsg.): *Architectures of Russian Identity, 1500 to the Present*. New York 2003, S. 193–203.

SMITH, KATHLEEN E.: Remembering Stalin's Victims: Popular Memory and the End of the USSR. Ithaca and London 1996.

STEINBERGER, NATHAN: „Zu den Hintergründen der ‚Säuberungen'", in: Hermann Weber und Dietrich Staritz (Hrsg.): *Kommunisten verfolgen Kommunisten. Stalinscher Terror und „Säuberungen" in den kommunistischen Parteien Europas seit den dreißiger Jahren*. Berlin 1993.

TISCHER, CAROLA: „‚Den guten Namen wiederherstellen'. Über die Rehabilitierung von Stalin-Opfern in der Sowjetunion", in: *Jahrbuch für Historische Kommunismusforschung* 1993, S. 118–125.

VESELOV, F. D.: „‚Poslednnij Adres': Negosudarstvennyj memorial'nyj proekt i politika pamjati v Rossii", in: A. I. Miller und D. V. Efremenko (Hrsg.): *Politika pamjati v sovremennoj Rossii i stranach vostočnoj Evropy*. Sankt-Petersburg 2020, S. 202–229.

Weber, Hermann und Ulrich Mählert (Hrsg.): *Terror. Stalinistische Parteisäuberungen 1936–1953*. Paderborn, München et al. 1998.

Wehner, Markus: „Stalinismus und Terror“, in: Stefan Plaggenborg (Hrsg.): Stalinismus. Neue Forschungen und Konzepte. Berlin 1998, S. 365–390,

Winter, Jay: Remembering War. The Great War between Memory and History in the 20th Century. New Haven und London 2006.

Winter, Jay und Sivan, Emmanuel: „Setting the framework“, in: Jay Winter und Emmanuel Sivan (Hrsg.): *War and Remembrance in the Twentieth Century*. New York 1999, S. 6–39.

o.A.: „Der Fall Jurij Dmitriev. Dokumentation“, in: *Osteuropa* 69, 12 (2019), S. 71–75.

Online Publikationen

Borzenko, Aleksandr und Bondarenko, Sergei: „Jan Rachinsky. How the Past is Remembered in Russia: The Topography of Terror and Books of Memory“, in: *Urok istorii XX. Vek*, 22. Dezember 2011. Verfügbar unter: https://uroki istorii.ru/article/2760 (abgerufen am 17.08.2020).

„Byvšie sovetskie politzeki: Otkrytie ‚Stena skorbi‘ – licemerie“, in: *Grani.ru*, 30. Oktober 2017. Verfügbar unter: https://graniru.org/Politics/Russia/Politzeki/m.265179.html#full (abgerufen am 18.08.2020).

Davies, Katie Marie: „New monument to Stalin's victims unveiled after 27-year wait“, in: *The Calvert Journal*, 20. November 2017. Verfügbar unter: https://www.calvertjournal.com/articles/show/9241/monument-stalin-victims-rep ression-Neizvestny (abgerufen am 18.08.2020).

Dolženko, Elena: „Inter'vju. Kurator Pamjati [Aleksandra Polivanova]“, in: *Agentstvo Social'noj Informacii*, 22. März 2019. Verfügbar unter: https://www.asi.org.ru/article/2019/03/22/aleksandra-polivanova/ (abgerufen am 17.08.2020).

„EU Statement on the case of Yuri Dmitriev“, in: *Delegation of the European Union to the Council of Europe*, 27. Mai 2020. Verfügbar unter: https://eeas.europa.eu/delegations/council-europe/79970/eu-statement-case-yuri-dmit riev_en, die (abgerufen am 18.08.2020).

Gal'perovič, Danila: „Štraf za ‚Poslednij adres‘“, in: *Golos ameriki*, 17. August 2017. Verfügbar unter: https://www.golos-ameriki.ru/a/3990118.html (abgerufen am 18.08.2020).

GANSKE-ZAPF, MANDY: „Deutsch-Russisches Gedenken: Warum in Naumburg an Helmut Sonnenschein erinnert wird", 16. Juli 2020, in: *MDR Sachsen-Anhalt*. Verfügbar unter: https://www.mdr.de/sachsen-anhalt/halle/saalekreis/letzte-adresse-opfer-stalinismus-naumburg-100.html (abgerufen am 17.08.2020).

KARAGANOV, SERGEJ: „Prostimsja s Graždanskoj vojnoj. Narod, ne pochoronivšich, ne možet uvaždat' sebja i ne sposoben idti vpered", in: *Rossijskaja Gazeta*, 26. August 2015. Verfügbar unter: https://rg.ru/2015/08/27/pamyat.html (abgerufen am 18.08.2020).

KAŠIN, OLEG: „Č'ju pamjat' nužno uvekovečivat', a č'ju – net", in: *Dožd*, 20. Mai 2016. Verfügbar unter: https://tvrain.ru/teleshow/kashin_guru/kashin-409726/ (abgerufen am 18.08.2020).

KATZER, NIKOLAUS: „Russsischer Bürgerkrieg". Teil des Dossiers 1917/2017 – 100 Jahre Revolution, in: *dekoder*. Verfügbar unter: https://www.dekoder.org/de/gnose/russischer-buergerkrieg-bolschewiki (abgerufen am 08.06.2022).

„Last Address", in: *International Coalition of Sites of Coscience*, https://www.sitesofconscience.org/en/membership/last-address/ (abgerufen am 17.08.2020).

LEVADA-CENTER: „Great Terror" [Umfrage], 26.September 2017. Verfügbar unter: https://www.levada.ru/en/2017/09/26/great-terror/ (abgerufen am 23.08.2020).

LITTLE, ANASTASIA: „Sergei Parkhomenko and the Protest Movement in Russia", in: *NYU Jordan Center*, 27. September 2012. Verfügbar unter: http://jordanrussiacenter.org/event-recaps/sergei-parkhomenko-and-the-protest-movement-in-russia/#.XqvVe5lCROS (abgerufen am 17.08.2020).

MATHUBER, DANIELA: „Wo ist denn hier der richtige Weg? Das ‚Haus am Ufer', das Museum und die (Nicht-)Erinnerung an den Großen Terror", in: Hypotheses.org, 26. April 2019. Verfügbar unter: https://erinnerung.hypotheses.org/6692#footnote_1_6692 (abgerufen am 18.08.2020).

MIČURINA, NATAL'JA und SERGEEVA, JULIJA: „„Za każdym znakom – živoj čelovek", in: *Poslednij Adres/Vostočno-Sibirskaja pravda*, 14. Juni 2016. Verfügbar unter: https://www.poslednyadres.ru/articles/vsp_irkutsk.htm (abgerufen am 17.08.2020).

MONGAJT; ANNA: „Škol'nik povesil kartonnuju tabličku v pamjat' o rasstreljannom prapradede. Čerez poltora goda ee udalos' zamenit' na oficial'nuju, in: zdes' i sejčas večernee šou Dožd, 3. Februar 2020. Verfügbar unter: https://tvrain.ru/teleshow/vechernee_shou/tablichka-502221/?utm_term=502221&utm_source=vk&utm_medium=social&utm_campaign=instant&utm_content=tvrain-main (abgerufen am 18.08.2020).

„Moskovskaja chartija žurnalistov. Deklaracija. Prinjata 4. Fevralja 1994 goda", in: *Obščestvennaja kollegija žalobam na pressu*. Verfügbar unter: https://presscouncil.ru/teoriya-i-praktika/dokumenty/758-moskovskaya-khartiya-zhurnalistov (abgerufen am 17.08.2020).

„O dejatel'nosti nekommerčeskich organizacii", in: *Informacionnyj portal Ministerstva justicii Rossijskoj Federacii*. Verfügbar unter: http://unro.minjust.ru/NKOs.aspx (abgerufen am 18.08.2020).

Parchomenko, Sergej: „Ukradennuju v Barnaule tabličku ‚Poslednego adresa' vernuli na mesto", in: *Meduza*, 26. Februar 2016. Verfügbar unter: https://meduza.io/news/2016/02/26/ukradennuyu-v-barnaule-tablichku-poslednego-adresa-vernuli-na-mesto (abgerufen am 18.08.2020).

Parkhomenko, Sergey: „Russia has yet to recover from the trauma of the Stalin era", in: *The Guardian*, 7. März 2018. Verfügbar unter: https://www.theguardian.com/commentisfree/2018/mar/07/russia-stalin-putin-guilt-victims?CMP=share_btn_fb (abgerufen am 17.08.2020).

Polivanova, Aleksandra: „Zdes' byl Stalin", in: *Takie Dela*, 19. Oktober 2015. Verfügbar unter: https://takiedela.ru/2015/10/stalin/ (abgerufen am 17.08.2020).

Ponomarev, Aleksej: „Filipp Dzjadko zapustil prosvetitel'skij proekt Arzamas", in: *Repuplic*, 29. Januar 2015. Verfügbar unter: https://republic.ru/posts/l/1209886 (abgerufen am 18.08.2020).

„Poslednij Adres / 5 let. 1 nojabrja–16 dekabrja 2018 ", in: *Gosudarstvennyj muzej architektury imeni A. V. Ščuseva*. Verfügbar unter: http://muar.ru/item/1499-last (abgerufen am 17.08.2020).

„Poslednij adres: 8. Dekabrja na ‚Strelke'", in: *Urok istorii XX vek*, 5. Dezember 2020. Verfügbar unter: https://urokiistorii.ru/article/51947?announce_type=All&sort_by=field_period_value&page=7 (abgerufen am 17.08.2020).

Puškarev, Igor': „‚Samovol'nye ob" ekty' Mėrija Ekaterinburga ne privetstvuet ustanovku znakov v pamjat' o žertvach Bol'šogo terrora", in: *Znak*, 6. März 2020. Verfügbar unter: https://www.znak.com/2020-03-06/meriya_ekaterinburga_ne_privetstvuyut_ustanovku_znakov_v_pamyat_o_zhertvah_bolshogo_terrora (abgerufen am 18.08.2020).

Roginsky, Arseny: „The Embrace of Stalinism", in: *openDemocracy*, 16. Dezember 2008. Verfügbar unter: https://www.opendemocracy.net/en/the-embrace-of-stalinism/ (abgerufen am 18.08.2020).

Romanenko, Anna: „V Peterburge komitet po architekture sčel nezakonnoj ustanovku tabliček ‚Poslednego adresa', in: *Obščestvennoe televedenie Rossii*, 5. Dezember 2018. Verfügbar unter: https://otr-online.ru/news/v-peterbu

rge-komitet-po-arhitekture-schel-nezakonnoy-ustanovku-tablichek-poslednego-adresa-116142.html (abgerufen am 18.08.2020).

Šešenin, Semen: „‚Zakrytyj spisok' Interv'ju s Janom Račinskim", in: *Urok istorii XX vek*, 18. Juli 2016. Verfügbar unter: https://urokiistorii.ru/article/53342 (abgerufen am 18.08.2020).

Siefert, Volker: „Heimat, Freiheit, Putin", in: *Zeit online*, 19. März 2015. Verfügbar unter: https://www.zeit.de/gesellschaft/2015-03/propaganda-russland-deutschland-subversion (abgerufen am 18.08.2020).

Sokolov, Nikita: „‚Poslednij adres' – ščepki pretknovenija", in: *Ežednevnyj Žurnal*, 9. Dezember 2014. Verfügbar unter: http://ej.ru/?a=note&id=26650 (abgerufen am 17.08.2020).

„V Ekaterinburge neizvestnye snjali tablički s imenami žertv stalinskich rasstrelov", in: *Nastojaščee Vremja*, 5. Juni 2020. Verfügbar unter: https://www.currenttime.tv/a/30653342.html?utm_medium=affiliate&utm_campaign=RFE-player30653342&utm_source=www.poslednyadres.ru/articles/articles871.htm&utm_content=player (abgerufen am 18.08.2020).

Vanina, Lena und Kulagin, Kirill: „Proektu ‚Poslednij adres' pjat' let", in *Arzamas*, 10. Dezember 2018. Verfügbar unter: https://arzamas.academy/mag/622 poslednyy_adres (abgerufen am 18.08.2020).

„Zajavlenie členov i professorov Rossijskoj akademi nauk po povodu uničtožija znakov pamjati v Ekaterinburge i Tveri", in: *Troickij variant nauka*, 10. Juni 2020. Verfügbar unter: https://trv-science.ru/2020/06/10/zayavlenie-po-povodu-unichtozheniya-znakov-pamyati-v-ekaterinburge-i-tveri/?fbclid=IwAR2z_x8FPFfsLK7pgPysbomXshWFCybL4Ge2rzIUqOxuR-0zOG-WrTAHtA0 (abgerufen am 18.08.2020).

Zhelvatych, Yekaterina: „Russian Activist Charged Over Gulag Memorial Plaque", in: *The Moscow Times*, 15. August 2017. Verfügbar unter: https://www.themoscowtimes.com/2017/08/15/russian-activist-charged-over-gulag-memorial-plaque-a58658 (abgerufen am 18.08.2020).

o.A.: „Putin-Anhänger attackieren Memorial-Veranstaltung", in: *Zeit online*, 26. April 2016. Verfügbar unter: https://www.zeit.de/politik/2016-04/russland-wladimir-putin-aktivistin-angriff-ludmila-ulitskaja?page=6 (abgerufen am 18.08.2020).

o.A.: „Pamjati palača", in: *Jacta.ru*, 24. Mai 2016. Verfügbar unter: http://www.jacta.ru/russia/article/?id=2772 (abgerufen am 18.08.2020).

o.A.: „Slučaj s ‚deduškoj Cvi'", in: *Jacta.ru*, 16. Mai 2016. Verfügbar unter: http://www.jacta.ru/russia/article/?id=2760 (abgerufen am 18.08.2020).

o.A.: „Ošibilis' adresom", in: *Jacta.ru*, 22. April 2016. Verfügbar unter: http://www.jacta.ru/russia/article/?id=2732 (abgerufen am 18.08.2020).

Colta:

PARCHOMENKO, SERGEJ: „Po povodu odnogo interv'ju, Sergej Parchomenko otvečaet Alekseju Milleru" in: *Colta*, 26. April 2018. Verfügbar unter: https://www.colta.ru/articles/specials/17935-po-povodu-odnogo-intervyu (abgerufen am 18.08.2020).

o.A.: „V Moskve vspomnjat žertv Bol'šogo terrora", in: *Colta*, 24. Oktober 2013. Verfügbar unter: https://www.colta.ru/news/931-v-moskve-vspomnyat-zhertv-bolshogo-terrora (abgerufen am 17.08.2020).

o.A.:„V Moskve načinaetska memorial'nyj proekt ‚Poslednij adres'", in: *Colta*, 6. Dezember 2013. Verfügbar unter: https://www.colta.ru/news/1437-v-moskve-nachinaetsya-memorialnyy-proekt-posledniy-adres (abgerufen am 17.08.2020).

o.A.: „‚Poslednij adres' ob"javil sbor sredstv", in: *Colta*, 30. Juni 2014. Verfügbar unter: https://www.colta.ru/news/3707-posledniy-adres-ob-yavil-sbor-sredstv (abgerufen am 17.08.2020).

o.A.: „‚Poslednemu adresu' nužny pomoščniki", in: *Colta*, 7. April 2016. Verfügbar unter: https://www.colta.ru/news/10687-poslednemu-adresu-nuzhny-pomoschniki (abgerufen am 17.08.2020).

Ėcho Moskvy

PARCHOMENKO, SERGEJ: „‚Poslednij Adres': final'naja nedelja kampanii v pomošč' proekty", in: *Ėcho Moskvy*, 23. September 2014. Verfügbar unter: https://echo.msk.ru/blog/serguei_parkhomenko/1405136-echo/ (abgerufen am 17.08.2020).

PARCHOMENKO, SERGEJ: „‚Poslednij adres': pervyj slučaj vandalizma", in: *Ėcho Moskvy*, 25. Februar 2016. Verfügbar unter: https://echo.msk.ru/blog/serguei_parkhomenko/1719096-echo/ (abgerufen am 18.08.2020).

PARCHOMENKO, SERGEJ: „O čem molčit ‚Stena skorbi'", in: *Ėcho Moskvy*, 28. Oktober 2017. Verfügbar unter: https://ok.ru/echomskru/topic/67289399959582 (abgerufen am 18.08.2020).

Facebook

PARCHOMENKO, SERGEJ in: *Facebook*, 13. Juni 2020. Verfügbar unter: https://www.facebook.com/serguei.parkhomenko/posts/10222159002913503 (abgerufen am 18.08.2020).

PARCHOMENKO, SERGEJ in: *Facebook*, 11. Juni 2020. Verfügbar unter: https://www.facebook.com/serguei.parkhomenko/posts/10222141673680283 (abgerufen am 18.08.2020).

PARCHOMENKO, SERGEJ in: *Facebook*, 4. April 2019. Verfügbar unter: https://www.facebook.com/serguei.parkhomenko/posts/10218289503618439 (abgerufen am 18.08.2020).

Parchomenko, Sergej in: *Facebook*, 26. Februar 2016. Verfügbar unter: https://www.facebook.com/photo.php?fbid=10208563906804597&set=a.1714988723998&type=3 (abgerufen am 18.08.2020).

Parchomenko, Sergej in: *Facebook*, 11. Mai 2020. Verfügbar unter: https://www.facebook.com/serguei.parkhomenko/posts/10221845557117554 (abgerufen am 18.08.2020).

Komsomol'skaja Pravda

Kiber, Petr: „Albin vstretilsja s aktivistami proekta ‚Poslednij adres', in: *Komsomol'skaja Pravda Sankt-Peterburg*, 13. Dezember 2018. Verfügbar unter: https://www.spb.kp.ru/online/news/3326578/ (abgerufen am 18.08.2020).

Kiber, Petr: „Pamjatnye tablički ‚Poslednij adres' v Peterburge priznali vne zakona", in: *Komsomol'skaja Pravda Sankt-Peterburg*, 6. Dezember 2018. Verfügbar unter: https://www.spb.kp.ru/daily/26917/3963436/ (abgerufen am 21.08.2020).

Mal'ceva, Irina: „Na domach repressirovannych vladimircev pojavjatsja pamjatnye tablički", in: *Komsomol'skaja Pravda*, 4. September 2019. Verfügbar unter: https://www.kp.by/daily/27024/4087373/ (abgerufen am 17.08.2020).

Rost, Andrej: „‚Poslednij adres' Peterburga. V gorode načali pojavljaet'sja memorial'nye znaki v pamjat' žertvach političeskich repressij", in: *Komsomol'skaja Pravda Sankt-Petersburg*, 23. März 2015. Verfügbar unter: https://www.spb.kp.ru/daily/26357/3239334/ (abgerufen am 17.08.2020).

Surina, Alina: „V Ekaterinburge pojavjatsja dve novye pamjatnye tablički v ramkach proekta ‚Poslednij adres'", in: *Komsomol'skaja Pravda Ekaterinburg*, 4. Dezember 2019. Verfügbar unter: https://www.ural.kp.ru/online/news/3694468/ (abgerufen am 17.08.2020).

Memorial:

„Erste Gedenktafel in Deutschland", in: *MEMORIAL Deutschland*. Verfügbar unter: https://www.memorial.de/index.php/aktuell/veranstaltungen/7747-erste-gedenktafel-in-deutschland.

„O Stene pamjati v Kommunarke", in: *Meždunarodnyj Memorial*, 2. November 2018. Verfügbar unter: https://www.memo.ru/ru-ru/memorial/departments/intermemorial/news/205 (abgerufen am 18.08.2020).

Parchomenko, Sergej: „‚Poslednij adres'. Vremja sobirat' kamni" [Interview], in: *Permskoe krajevoe otdelenie meždunarodnogo obščesvta ‚Memorial'*, ohne Datumsangabe. Verfügbar unter: http://pmem.ru/2953.html [16.08.2020].

„Pis'mo inostrannych učenych i dejatelej iskusstva v zaščitu Jurija Dmitrieva", in: *Meždunarodnyj Memorial*, 3. Juni 2020. Verfügbar unter: https://www.memo.ru/ru-ru/memorial/departments/intermemorial/news/407?fbc

lid=IwAR0TaE1OgIude7AE2IVNHOomkls4TbQKnPBsyPLI64YfJqklE6vPzfW2xn0 (abgerufen am 18.08.2020).

Novaja Gazeta:

Azar, Il'ja: „Zadača uničtožit' ‚Ėcho Moskvy' kak samostojatel'nuju stanciju ne izmenilas'", in: *Novaja Gazeta*, 2. Oktober 2017. Verfügbar unter: https://novayagazeta.ru/articles/2017/10/02/74047-zadacha-unichtozhit-eho-moskvy-kak-samostoyatelnuyu-stantsiyu-ne-izmenilas (abgerufen am 18.08.2020).

Bajdakova, Anna: „Interv'ju. Vladimir Ryžkov k pjatiletiju protestov: ‚konečno, ja čustvuju sebja obmanutym'. Kak organizovanyvali mitingi dekabrja 2011 goda i počemu protestov okazalsja ‚slit'., in: *Novaja Gazeta*, 10. Dezember 2016. Verfügbar unter: https://novayagazeta.ru/articles/2016/12/10/70858-konechno-ya-chuvstvuyu-sebya-obmanutym (abgerufen am 18.08.2020).

Lichanova, Tat'jana: „Po pervomy stuku", in: *Novaja Gazeta*, 6. Dezember 2018. Verfügbar unter: https://novayagazeta.ru/articles/2018/12/06/78836-po-pervomu-stuku (abgerufen am 18.08.2020).

Lichanova, Tat'jana: „‚Nosit'sja s repressirovannymi' budut po reglamentu", in: *Novaja Gazeta*, 14. Dezember 2018. Verfügbar unter: https://novayagazeta.ru/articles/2018/12/14/78941-nositsya-s-repressirovannymi-budut-po-reglamentu (abgerufen am 18.08.2020).

Odissonova, Viktorija: „‚Stena skorbi', kak sozdajut pervyj v Rossii monument žertvam massovych repressij, in: *Novaja Gazeta*, 31. Mai 2017. Verfügbar unter: https://novayagazeta.ru/articles/2017/05/31/72649-stena-skorbi (abgerufen am 17.08.2020).

Račeva, Elena: „Akcija ‚Poslednij adres' pervyj slučai v Rossii, kogda na stene domov pojavljaetsja slovo ‚rasstreljan'. V Moskve pojavilis' tablički s imenami repressirovannych", in: *Novaja Gaezta*, 11. Dezember 2014. Verfügbar unter: https://novayagazeta.ru/articles/2014/12/11/62322-aktsiya-171-posledniy-adres-187-151-pervyy-sluchay-v-rossii-kogda-na-stene-domov-poyavlyaetsya-slovo-171-rasstrelyan-187 (abgerufen am 18.08.2020).

Žilin, Ivan: „Priličnogo vida vandaly", in: *Novaja Gazeta*, 8. Juni 2020. Verfügbar unter: https://novayagazeta.ru/articles/2020/06/08/85747-prilichnogo-vida-vandaly (abgerufen am 18.08.2020).

Poslednij Adres:

„Barnaul, ulica Sizova, 26", in: *Poslednij adres*, 15. Februar 2016. Verfügbar unter: https://www.poslednyadres.ru/news/news146.htm (abgerufen am 20.08.2020).

„‚Komu-to oni sil'no mozolili glaza'. Kto snjal v Ekaterinburge tablički s imenami žertv stalinskich rasstrelov", in: *Nastojaščee Vremja/Poslednij Adres*, 5.

Juni 2020, https://www.poslednyadres.ru/articles/articles871.htm (abgerufen am 18.08.2020).

Ledjaeva, Marina: „V Archangel'ske neizvestnye snjali s doma tabličku ‚Poslednego adresa'", in: *IA Region 29/Poslednij Adres*, 20. November 2017, https://www.poslednyadres.ru/articles/region29_bessonov_snyali.htm (abgerufen am 18.08.2020).

„Memorial'ny proekt ‚Poslednij adres'", in: *Poslednij adres*. Verfügbar unter: https://www.poslednyadres.ru/about/ (abgerufen am 21.08.2020).

Mičurina, Natal'ja und Sergeeva, Julija: „„Za každym znakom – živoj čelovek" [Interview mit Sergej Parchomenko], in: *Poslednij adres/Vostočno-Sibirskaja pravda*, 14. Juni 2016. Verfügbar unter: https://www.poslednyadres.ru/articles/vsp_irkutsk.htm (abgerufen am 17.08.2020).

„Moskva, Bol'šoj Rževskij pereulok, 11", in: *Poslednij adres*, 1. Mai 2016. Verfügbar unter: https://www.poslednyadres.ru/news/news195.htm (abgerufen am 18.08.2020).

„Moskva, Arbat, dom 30, str 1", in: *Poslednij adres*, 30. April 2017. Verfügbar unter: https://www.poslednyadres.ru/news/news436.htm (abgerufen am 22.08.2020).

„Moskva, Leningradskij prospekt, 60, str. 1", in: *Poslednij adres*, 17. April 2016. Verfügbar unter: https://www.poslednyadres.ru/news/news184.htm (abgerufen am 18.08.2020).

„Moskva, Požarskij pereulok, d.15, str.2", in: *Poslednij Adres*, 19. März 2017. Verfügbar unter: https://www.poslednyadres.ru/news/news413.htm (abgerufen am 18.08.2020).

Parchomenko, Sergej: „Vosem' žiznej, ne nužnych vandalam", in: *Poslednij adres*, 2. Juni 2020. Verfügbar unter: https://www.poslednyadres.ru/news/news1034.htm (abgerufen am 18.08.2020).

„Rossijskie učenye podderživajut proekt ‚Poslednij adres'", in: *Poslednij adres*, 11. Juni 2020. Verfügbar unter: https://www.poslednyadres.ru/news/news1035.htm (abgerufen am 18.08.2020).

„Sankt-Peterburg, 13-ja Krasnoarmejskaja ulica, 6", in: *Poslednij adres*, 8. November 2015. Verfügbar unter: https://www.poslednyadres.ru/news/news101.htm (abgerufen am 18.08.2020).

„Tver', bul'var Radiščeva, 47", in: *Poslednij adres*, 8. November 2015. Verfügbar unter: https://www.poslednyadres.ru/news/news97.htm (abgerufen am 18.08.2020).

„Vladimirskaja Oblast'", Gorochovec, ulica Lenina, 21", in: *Poslednij adres*, 7. Februar 2020. Verfügbar unter: https://www.poslednyadres.ru/news/news1011.htm (abgerufen am 18.08.2020).

Radio Svoboda:

DAVLETZJANOVA, NINA: „Tabličky pamjati. Pjat' let proektu ‚Poslednij adres', in: *Radio Svoboda*, 25. November 2018. Verfügbar unter: https://www.svoboda.org/a/29619546.html (abgerufen am 18.08.2020).

FAJNALOVA, ELENA: „Kommunarka", in: *Radio Svoboda*, 3. März 2019. Verfügbar unter: https://www.svoboda.org/a/29809226.html (abgerufen am 18.08.2020).

MEDVEDEV, SERGEJ: „Vojny za pamjat'" [Interview mit Anna Narinskaja und Jan Račinskij], in: *Radio Svoboda*, 7. November 2018. in: Radio Svoboda, 7. November 2018. Verfügbar unter: https://www.svoboda.org/a/29585618.html (abgerufen am 17.08.2020).

o.A.: „V Tveri snjali memorial'nye doski v pamjat' o rasstreljannych poljakach", in: *Radio Svoboda*, 7. Mai 2020. Verfügbar unter: https://www.svoboda.org/a/30599073.html (abgerufen am 18.08.2020).

o.A.: „Jagoda na Stene Pamjati ‚Kommunarki'. ‚Memorial' otvetil na kritiku", in: *Radio Svoboda*, 3. November 2018. Verfügbar unter: https://www.svoboda.org/a/29579804.html (abgerufen am 18.08.2020).

Youtube:

Direttore2009: „‚Poslednij Adres'. Memorial'nyj proekt, in: *Youtube*, 23. Dezember 2013. Verfügbar unter: https://www.youtube.com/watch?v=r4rd2YikeXI&feature=youtu.be (abgerufen am 18.08.2020).

Meždunarodnyj Memorial: „Seminar-konsilium ‚Otricanie kak diagnoz: psichologičeskie i social'nye korni otricanija", in: *Youtube*, 28. Mai 2020. Verfügbar unter: https://www.youtube.com/watch?v=Jb-gcrPC_98 (abgerufen am 18.08.2020).

Proekt Poslednij Adres: „Moskva, Arbat, dom 30, str 1", in: *Youtube*, 8. Mai 2017. Verfügbar unter: https://www.youtube.com/watch?v=yMdBGB9vkFs (abgerufen am 18.08.2020).

„‚Poslednij adres' Memorial'nyj proekt", in: *Youtube*, 23. Dezember 2013. Verfügbar unter: https://www.youtube.com/watch?v=r4rd2YikeXI&feature=youtu.be (abgerufen am 17.08.2020).

Shmukler, Evgeniy: „Poslednij adres 1 Maja 2016", in: *Youtube*, 2. Mai 2016. Verfügbar unter: https://www.youtube.com/watch?time_continue=71&v=h06VU7cQADU&feature=emb_title (abgerufen am 18.08.2020).

Proekt Poslednij Adres: „Vladimirskaja Oblast", Gorochovec, ulica Lenina, 21 – Aleksandr Mečislavovič Tukallo", in: *Youtube*, 10. Februar 2020. Verfügbar unter: https://www.youtube.com/watch?v=XJCklX3AXFM&feature=emb_title [00:54-00:55] (abgerufen am 18.08.2020).

Vnutrennij Arzamas: „Vystavka ‚Poslednij Adres', in: *Youtube*, 3. Dezember 2018. Verfügbar unter: https://www.youtube.com/watch?v=UZVh5VTisLE (abgerufen am 18.08.2020).

Dokumente der russischen Regierung

Pravitel'stvo Rossijskoj Federacii: „Koncepcija gosudarstvennoj politik po uvelikovečeniju žertv političeskich repressij", 15. Avgusta 2015 g. Nr. 1561-r. Verfügbar unter: http://government.ru/docs/19296/ (abgerufen am 18.08.2020).

Sovet pri Prezidente Rossijskoj Federacii po razvitiju graždanskogo obščestva i pravam čeloveka: „Prezident Rossii Vladimir Putin podpisal Perečen' Poručenij po itogam vstreči c Sovetom 11 dekabrja", 21. Februar 2019. Verfügbar unter: http://president-sovet.ru/presscenter/news/read/5279/ (abgerufen am 18.08.2020).

„Rasporjaženie Pravitel'stva Rossijskoj Federacii ot 15 avgusta 2015 g. N 1561-r g. Moskva", in: *Rossijskaja Gazeta*, 18. August 2015. Verfügbar unter: https://rg.ru/2015/08/18/jertvy-site-dok.html (abgerufen am 18.08.2020).

Rossijskaja Federacija: „‚Zakon. O reabilitacii žertv političeskich repressij'. Zakon RF ot 18 oktjabr 1991 goda, No 1761-1 (s izmenijami i dopolenijami, imejuščimsja na 10.09.2004)", in: *Krasnojarskoe obščestvo ‚Memorial'*. Verfügbar unter: https://memorial.krsk.ru/zakon/17612004.htm (abgerufen am 19.08.2020).

„Ukaz Prezidenta Rossijkskoj Federacii ot 6 Nojabrja 2004 g. N 1417 O Sovete pri Prezidente Rossijskoj Federacii po codejstviju pazvitiju institutov graždanskogo obščestva i pravam čeloveka", in: *Rossijskaja Gazeta*, 12. November 2004. Verfügbar unter: https://rg.ru/2004/11/12/sovet-prava.html (abgerufen am 18.08.2020).

Prezident Rossii: „Ukaz Presidenta Possijskoj Federacii ot 30.09.2015 g. Nr. 487: O voszvedenii memoriala žertvam političeskich repressij". Verfügbar unter: http://kremlin.ru/acts/bank/40063 (abgerufen am 17.08.2020).

Interview

Mailinterview der Autorin mit dem Kurator der Permer Zweigstelle des Projektes Poslednij Adres Aleksandr Černyšov vom 28. Mai 2020.

MENSCHEN UND STRUKTUREN

Historisch-sozialwissenschaftliche Studien
Herausgeber: Jörn Happel und Heiko Haumann

Band 1 Hartmut Zoche: Die Gemeinde – ein kleiner Staat? Motive und Folgen der großherzoglich-badischen Gemeindegesetzgebung 1819-1914. 1986.

Band 2 Dieter Schonebohm: Ostjuden in London. Der Jewish Chronicle und die Arbeiterbewegung der jüdischen Immigranten im Londoner East End, 1881-1900. 1987.

Band 3 Karl-Friedrich Müller: Das Jahr 1945 in Südbaden. 1987.

Band 4 Eva Kimminich: Religiöse Volksbräuche im Räderwerk der Obrigkeiten. Ein Beitrag zur Auswirkung aufklärerischer Reformprogramme am Oberrhein und in Vorarlberg. 1989.

Band 5 Beate Welter: Die Judenpolitik der rumänischen Regierung (1866-1888). 1989.

Band 6 Heiko Haumann/Stefan Plaggenborg (Hrsg.): Aufbruch der Gesellschaft im verordneten Staat. Rußland in der Spätphase des Zarenreiches. 1994.

Band 7 Peter Fäßler: Badisch, Christlich und Sozial. Zur Geschichte der BCSV/CDU im französisch besetzten Land Baden (1945-1952). 1995.

Band 8 Petra Hieber: Auf der Suche nach dem Glück. Juliane von Krüdener-Vietinghoff (1764-1824): Selbstwahrnehmung im Spannungsfeld gesellschaftlichen Wandels. 1995.

Band 9 Karl Kobelt: Anton Makarenko – Ein stalinistischer Pädagoge. Interpretationen auf dem Hintergrund der russisch-sowjetischen Bildungspolitik. 1996.

Band 10 Kyoo-Sik Lee: Das Volk von Moskau und seine bedrohte Gesundheit. Öffentliche Gesundheitspflege in Moskau, 1850-1914. 1996.

Band 11 Teresa Andlauer: Die jüdische Bevölkerung im Modernisierungsprozess Galiziens (1867-1914). 2001.

Band 12 Silke Sobieraj: Die nationale Politik des Bundes der Landwirte in der Ersten Tschechoslowakischen Republik. Möglichkeiten und Grenzen der Verständigung zwischen Tschechen und Deutschen (1918-1929). 2002.

Band 13 Karin Neidhart: Nationalsozialistisches Gedankengut in der Schweiz. Eine vergleichende Studie schweizerischer und deutscher Schulbücher zwischen 1900 und 1945. 2004.

Band 14 Silvano Luca Gerosa / Karoline Thürkauf (Hrsg.): Jazz Life. Essays zum Alltag von Jazzmusikern anhand ihrer Autobiografien. 2005.

Band 15 Désirée Corinne Hagmann: Kinder der Landstraße – *In gesundes Erdreich verpflanzt...* Schicksal der Familie Waser-Schwarz. 2007.

Band 16 Antoni Cetnarowicz: Die Nationalbewegung in Dalmatien im 19. Jahrhundert. Vom „Slawentum“ zur modernen kroatischen und serbischen Nationalidee. 2008.

Band 17 Heiko Haumann (Hrsg.): Erinnerung an Gewaltherrschaft. Selbstzeugnisse – Analysen – Methoden. 2009.

Band 18 Lukas Allemann: Die Samen der Kola-Halbinsel. Über das Leben einer ethnischen Minderheit in der Sowjetunion. Neue Perspektiven und Selbstzeugnisse. 2010.

Band 19 Caroline Heitz / Eveline Schüep: Annäherung an die soziale Wirklichkeit der SS-Ärzte. Sprachanalysen und sozialpsychologische Untersuchungen anhand von Hans Münchs Erinnerungserzählungen. 2011.

Band 20 Carla Cordin: Ettore Cordin: Das Tagebuch eines k. u. k. Soldaten im Ersten Weltkrieg. Edition und Analyse. 2012.

Band 21 Jürgen von Ungern-Sternberg / Wolfgang von Ungern-Sternberg: Der Aufruf ‚An die Kulturwelt!'. Das Manifest der 93 und die Anfänge der Kriegspropaganda im Ersten Weltkrieg. 2013.

Band 22 Annina Cavelti Kee: Kultureller Nationalismus und Religion. Nationsbildung am Fallbeispiel Irland mit Vergleichen zu Preussisch-Polen. 2014.

Band 23 Olesya Meskina: Lebensbedingungen von Frauen und Kindern um die Wende zum 20. Jahrhundert. Untersucht am Beispiel der Schweiz (Kantone Basel) und Russlands (Region Woronesch). 2016.

Band 24 Yaël Debelle: Ein Diplomat unter den Linden: Die Berliner Erinnerungsalben des russischen Außenministers Michail Nikolaevič Murav'ev. 2019.

Band 25 Melanie Hussinger: Russlands Letzte Adressen. Gesellschaftliches Erinnern an die Opfer des Stalinismus. 2022.

www.peterlang.com

www.ingramcontent.com/pod-product-compliance
Lightning Source LLC
Chambersburg PA
CBHW030458100426
42813CB00002B/264

* 9 7 8 3 6 3 1 8 8 8 9 2 6 *